LA CARRERA

Eliyahu M. Goldrat
Robert E. Fox

2a. Edición en Español
(corregida y aumentada)

Revisión Técnica:
Nicholas A. Gilber

EDICIONES
CASTILLO
S.A. DE C.V.
MONTERREY
NUEVO LEON
MEXICO

Titulo Original en Inglés:
"The Race"

Traducción:
Lic. Nicholas A. Gibler

Diseño de Portada:
Mauro Machuca

La Carrera

© Octava Edición 2002
Ediciones Castillo, S.A. de C.V.
Priv. Fco. L. Rocha No. 7
Fracc. Residencial Galerías
C.P. 64630 A.P. 1759
Monterrey, N.L., México
e-mail: acastillo@edicionescastillo.com

Miembro de la Cámara Nacional
de la Industria Editorial Mexicana
Registro No. 1029

ISBN 968-6635-32-7

Impreso en México
Printed in Mexico

INTRODUCCION

LA CARRERA habla de nuestro nivel de vida y cómo podemos mejorarlo. Actualmente, en el Mundo Occidental nos enfrentamos a una verdadera amenaza de que suceda precisamente lo contrario.

Tanto la fuente como la solución del problema se encuentran en la misma parte — la manufactura. La manufactura ha sido la principal fuente generadora de riqueza de nuestro mundo industrializado. Esta habilidad para generar riqueza ha hecho que nuestro nivel de vida sea envidiado en el resto del mundo. Si continuamos perdiendo nuestra base manufacturera, y la estamos perdiendo rápidamente, tanto nosotros como todos los demás viviremos menos bien.

Este libro, compañero del *best seller* de Eli Goldratt y Jeff Cox **LA META**, puede ayudarle a revertir esta situación. Los lectores de LA META, entre los que figuran personas desde las salas de consejo de las empresas hasta las universidades y el piso de las fábricas, e incluso los cónyuges a todos los niveles, reportan mejoras sorprendentes simplemente porque en su compañía se leyó un libro de negocios disfrazado de novela, o como algunos dicen, de historia de amor.

LA CARRERA también es un libro inusual. Sus mensajes podrán ser captados simplemente viendo sus gráficas. Puede ser comprendido mejor si se lee el texto que las acompaña. Incluso, se puede captar más profundamente y su lectura puede ser más útil cuando la gente de manufactura a todos los niveles discute sus implicaciones y aplicación a su propio ambiente.

La introducción de LA META ocasionó que se desarrollara algo que no habíamos esperado — "Círculos de la Meta". Grupos de acción de tanto gerentes* como operarios de las fábricas trabajando para encontrar sus "Herbies", reducir los tamaños de los lotes, abandonar los indicadores de eficiencia y conectar de manera más estrecha las actividades de mercadotecnia con la capacidad de manufactura. La distribución de algunas galeras de prueba de LA CARRERA parece estar ocasionando el mismo fenómeno —

**Nota del Traductor:* *Hemos decidido utilizar genéricamente la palabra "gerente" al traducir la palabra "manager" para evitar confusiones de tipo jerárquico, cada quien entienda "director", "ejecutivo", "dirigente", "administrador" etc., según el contexto y la jerarquía propia de su empresa o región.*

Círculos de LA CARRERA. Quizá el mundo occidental está desarrollando su propia respuesta a los Círculos de Calidad japoneses.

Los "Círculos de LA META" y "Círculos de LA CARRERA" son un excelente comienzo. A través de ellos, las compañías pueden iniciar su proceso de mejoramiento continuo. Sin embargo, las mejoras que se hacen una sola vez, independientemente de su importancia, no nos permiten alcanzar o mantenernos en la delantera por mucho tiempo, en esta carrera, cada vez más intensa por lograr una ventaja competitiva, en la que se enfrentan nuestras industrias. Necesitamos establecer de manera permanente un proceso de mejora continua y mejorar constantemente en él.

LA CARRERA le permitirá llegar a un sistema mejor — DBR — (por las siglas en inglés del sistema Drum-Buffer-Rope, que significa Tambor-Amortiguador-Cuerda) para generar mejoras en su logística continuamente. También ilustra como enfocarse en las mejoras a los procesos que vayan a tener el mayor impacto en su ventaja competitiva. El epílogo y los ejercicios del apéndice darán al lector atento una visión de cómo iniciar y luego extender el proceso de mejora continua hacia otras áreas como mercadotecnia y control financiero.

Cada paso en la implementación de un proceso de mejora continua cada vez más eficaz, requerirá de una comprensión cada vez mayor y de mejores herramientas. Una empresa con frecuencia necesita mirar hacia el exterior para encontrar la visión y los productos para establecer dicho enfoque. Nosotros creemos, sin embargo, que la revolución que se necesita en la forma de manejar sus compañías sólo puede ser *guiada* desde el interior. Los pasos que se requieren para adoptar y dirigir el proceso de la mejora continua son responsabilidad de la gerencia.

Revertir la suerte de nuestras empresas manufactureras es definitivamente importante para sus empleados e inversionistas. Puede ser aún más importante para cada uno de nosotros y nuestros países. Le deseamos mucho éxito y esperamos que LA META y LA CARRERA le ayuden a avanzar en la dirección correcta.

Eli Goldratt

Bob Fox

LA CARRERA

1. ¿ESTAREMOS PERDIENDO NUESTRA SUPREMACIA?

La Revolución Industrial se inició en Inglaterra y se difundió por toda Europa y América en los años subsiguientes. Desde aquel comienzo, los países occidentales han ocupado un puesto predominante en casi todos los tipos de manufactura. La fuerza de estas industrias hizo que nuestro nivel de vida fuera la envidia de todo el mundo.

En los últimos 15 años ha ocurrido un cambio dramático. En 1970, se hizo aparente que habíamos perdido nuestra supremacía en las industrias pesadas como las del acero, bronce, latón y textil. Nuestra participación de mercado mundial declinó y hubo necesidad de cerrar plantas debido a la competencia de Oriente. Pensamos que nuestro derrumbe se debía al bajo costo de la mano de obra y el moderno equipo de nuestros competidores.

Cinco años después, nuestro dominio en el área de aparatos electrodomésticos desapareció conforme nos inundaba la llegada de estéreos, televisores, hornos de micro-hondas y otros productos del Japón y otros países del Lejano Oriente. Esta vez culpamos de nuestras pérdidas al "dumping" y al plagio de nuestros productos.

En 1980, cuando el orgullo de nuestra habilidad manufacturera, la industria automotriz, se veía claramente en peligro, empezamos a percatarnos de que el problema era en verdad grave. Aunque encontramos razones adicionales para explicar nuestros problemas, estaba difundiéndose ampliamente una preocupación con respecto a nuestra competitividad.

Pensábamos que todavía estábamos seguros en lo referente a alta tecnología y desarrollo de nuevos productos. Ahora sabemos que ni siquiera estos nichos están seguros. En 1985 perdimos nuestro liderazgo en la producción de microchips, el corazón mismo de la era de la información. Los síntomas ahora indican que la industria aeroespacial va a ser la siguiente área en la que perderemos nuestra supremacía como líderes. Probablemente, ni la cálida cobija protectora del Departamento de Defensa será suficiente para proteger a la industria más allá de 1990.

En 15 breves años hemos visto un cambio sin precedentes en una gran cantidad de industrias, desde la pesada hasta la de alta tecnología. Las implicaciones de esto para nuestro bienestar económico y nivel de vida apenas empiezan a sentirse. Es hora de que nos percatemos que este agudo cambio no es resultado de causas triviales ni de las excusas que hemos utilizado. Se debe a una carrera sin precedentes en todos los aspectos de la manufactura. Examinemos tan sólo unos cuantos de ellos para comprender el acelerado ritmo de la carrera por lograr una ventaja competitiva.

¿ESTAMOS PERDIENDO LA CARRERA?

- **1970 — Industria pesada con chimeneas**
- **1975 — Electrodomésticos**
- **1980 — Automotriz**
- **1985 — Electrónica**
- **1990 (?) — Industria Aeroespacial**

2. EL EMPUJE HACIA LA CALIDAD

La calidad es probablemente el mejor aspecto de la carrera para permitirnos comprender su impacto en el mercado. Hasta 1970, usábamos la palabra "rendimiento" como medida de la calidad. Nos concentrábamos en cuantas partes buenas salían de los materiales que metíamos a nuestra planta. Esta terminología indica que probablemente más del 10% de las partes se echaban a perder. Ahora utilizamos la palabra rendimiento sólo cuando nos referimos al arranque de procesos y productos nuevos en los que sabemos que las pérdidas iniciales van a ser elevadas.

En la década de los setentas cambia nuestra terminología. Adoptamos la palabra "merma"* y con ella denotamos el cambio de nuestro enfoque de las partes buenas a las defectuosas. Hubo mejoras y nuestras pérdidas bajaron a menos del 10%. En 1980 nos percatamos de que ni aún con este nivel mejorado de calidad bastaba. Empezamos a perder mercados porque nuestros competidores surtían productos de calidad superior. La penetración japonesa en la industria automotriz norteamericana es un ejemplo clásico de esto. Inicialmente los consumidores fueron atraídos con la promesa de un transporte económico a bajo costo. Una vez acostumbrados a la calidad y confiabilidad del auto japonés, quedó establecido un nuevo estándar en el mercado. Las empresas automotrices americanas perdieron parte de sus mercados debido a su calidad inferior y pronto se percataron de que mejorarla era esencial si deseaban permanecer en el negocio. Surgieron lemas como "La Calidad es lo Primero", y "La Calidad es Nuestro Trabajo Número 1", lo que significaba que había que empujar las mermas a niveles inferiores al 1%.

Nuestra terminología ha cambiado de nuevo para reflejar el nivel aún más elevado de calidad que el mercado está exigiendo. Hemos empezado a hablar de nuevo en términos de "cero defectos". La magnitud de este cambio se percibe en la nueva unidad de medida que introdujeron los japoneses para medir el avance hacia esta meta — mermas expresadas en términos de "partes por millón". Partes por millón significa que nuestra meta de calidad ha crecido en términos de cuatro órdenes de magnitud en los últimos 15 años. Estamos siendo testigos de una aceleración sin precedentes en la carrera por tener una mejor calidad. Sin embargo, la calidad no es el único aspecto de la carrera.

* *Nota del Traductor: La palabra que usan los autores en el original en inglés es "SCRAP" que no tiene un equivalente exacto en español, pero da la idea de piezas echadas a perder, recortes, residuos, chatarra, materiales sobrantes, etc. En esta obra, utilizamos la palabra "merma" por ser la más socorrida por las personas de habla hispana que asisten a los seminarios impartidos por el Instituto Goldratt sobre este tema.*

CALIDAD

- **Antes de 1970:**
  Rendimiento (Defectos: ~ 10%)
  - **1970-1980**
    Merma (Defectos: < 10%)
    - **1980 - "La calidad es lo primero"**
      (Defectos: < 1%)
      - **1985 - Cero Defectos**
        (Defectos: partes por millón)

3. EL CICLO DE VIDA DE LOS PRODUCTOS ENCOGE

Los consumidores no sólo han insistido en obtener una calidad superior, sino que también están consumiendo nuevos productos vorazmente. Antes de 1970, estábamos acostumbrados a comprar productos que apenas si cambiaban cada década. Al pasar a los setentas, ingresaban nuevos productos al mercado y eran aceptados por él a una velocidad cada vez más rápida.

Experimentamos el vertiginoso ritmo del cambio conforme se introdujo la electrónica a los productos hasta entonces especializados como los relojes y las calculadoras. Pasamos de una era en la que un buen reloj no sólo duraba toda la vida, sino que se pasaba de generación en generación, a un mundo de productos desechables en el que compramos relojes nuevos con cada mejora de la tecnología o cambio de la moda. Las calculadoras dejaron de ser máquinas eléctricas y mecánicas bromosas de capacidad limitada para convertirse en maravillas electrónicas en miniatura que rivalizan con las primeras computadoras. En lugar de circunscribirse a las oficinas, ahora se encuentran las calculadoras en casi todo bolso, cartera y mochila escolar. La regla de cálculo usada por los ingenieros se ha convertido en una pieza de museo.

La reducción del ciclo de vida de los productos no se confinó exclusivamente a los productos de consumo. Toda organización industrial ha sufrido el impacto. Hasta los venerables productos como un buen barrote de 2 por 4 pulgadas están siendo reemplazados por estructuras ligeras de acero galvanizado en muchas construcciones. Nuestros métodos convencionales de diseño no podían soportar la presión por obtener productos nuevos.

Tuvimos que desarrollar sistemas para el diseño e ingeniería auxiliados por computadora para enfrentarnos a una creciente presión por tener nuevos productos. Para 1980, las exigencias del mercado y el incremento en la capacidad de nuestros procesos de diseño redujo el ciclo de vida de los productos a tan sólo unos pocos años.

Actualmente, atravesamos un período en el que, si una compañía llega tarde al mercado con un producto nuevo, con un retraso de unos seis o nueve meses, corre el riesgo de perder al mercado entero. Ciertamente, el ciclo de vida de la mayoría de los productos se ha encogido de nuevo. Apenas podemos adivinar cuál es el ciclo de vida de los productos de hoy. Mañana lo sabremos.

CICLO DE VIDA DE LOS PRODUCTOS

- **1970 — Década(s)**
  - **1975 — Muchos Años**
    - **1980 — Pocos Años**
      - **1985 — ?**

4. AUTOMATIZACION DE NUESTRAS PLANTAS

Esta carrera en pos de la ventaja competitiva también se manifiesta de maneras menos obvias para el consumidor típico. La tecnología de las máquinas ha ido cambiando a una velocidad explosiva. Antes de los setentas utilizábamos equipo electromecánico convencional que poco había cambiado en los últimos 40 ó 50 años. Para 1975 habíamos introducido la tecnología de las computadoras a las operaciones de producción en la forma de equipos de control numérico (CN).

En ese entonces tal vez podríamos haber proyectado lógicamente que la adopción de esta tecnología tardaría décadas, puesto que involucraba enormes inversiones y había la necesidad de volver a capacitar a la fuerza laboral. Recordemos que era la primera vez que se introducían las computadoras y la programación al piso de producción. No obstante, esta tecnología es un lugar común en la actualidad.

Para 1980, aún antes de que la tecnología de CN se hubiera difundido, ya habíamos introducido las siguientes generaciones—equipo de CNC (Control Numérico por Computadora) y de CND (Control Numérico Directo). En lugar de máquinas de CN solas, ahora teníamos celdas, o grupos de máquinas, interconectadas y controladas desde una sola computadora fuente. A pesar de este rápido cambio, para 1985 nos vimos obligados a invertir enormes sumas de dinero para seguir a los japoneses en la introducción de los Sistemas Flexibles de Manufactura (SFM). Los mercados cambiantes y las percepciones gerenciales cambiantes demandaban equipo controlado por computadora *flexible* capaz de manejar lotes de producción pequeños, y ajustarse a los rápidos cambios en el diseño de los productos.

Aún mientras invertimos en SFM podemos ver que el siguiente paso está a la vuelta de la esquina. Muchos grandes fabricantes ya están invirtiendo millones de dólares en un intento por construir fábricas completamente automatizadas, plantas sin iluminación, una tecnología que aún hoy no está clara en cuanto a diseño y uso.

Todo mundo está asumiendo enormes riesgos en un intento por participar y no quedarse atrás en esta carrera. Las presiones por ganar ventajas competitivas mediante la tecnología de las máquinas son grandes, pero son todavía más intensas y obvias en los frenéticos intentos por encontrar un mejor sistema de logística para manejar nuestras plantas.

TECNOLOGIA DE MAQUINARIA

- **1970 — Máquinas Convencionales**
- **1975 —Máquinas de Control Numérico**
- **1980 — Celdas de Máquinas de Control Numérico Computarizadas**
- **1985 — Plantas Semi Automatizadas**
- **1990 (?) — Plantas sin iluminación**

5. LOGISTICA PARA ACELERAR EL FLUJO DE MATERIALES

Durante los cuarentas, los cincuentas y entrados los sesentas, utilizamos técnicas manuales de control en el "punto del pedido", para controlar los pedidos y el flujo de materiales por nuestras plantas y bodegas. Tal era nuestro sistema de logística. Como por 1965, intentamos, por primera vez, uncir el poder de la computadora para esta tarea a través de una técnica conocida como MRP (por las siglas en inglés de Materials Requirements Planning, Planeación de Requerimientos de Materiales). A pesar de una inversión estimada en 10 mil millones de dólares, no quedamos satisfechos con los resultados. En 1975 le cambiamos el nombre a MRP cíclico, creyendo que la retroalimentación sobre el estado de las órdenes de trabajo y las órdenes de compra era la clave para tener un flujo de materiales más rápido. En 1980, cambiamos a MRP II, un esfuerzo por hacer que la organización manufacturera entera—mercadotecnia, ingeniería, manufactura y finanzas — leyeran la misma partitura al cantar.

Cada fase de nuestro viaje con MRP representó enormes inversiones en computadoras, software y capacitación en la forma de manejar el negocio. Se ha estimado que llevamos gastados más de 30 mil millones de dólares y, sin embargo, ni con estas mejoras e inversiones ha bastado. MRP no nos sirvió para conservar la delantera en la carrera por una ventaja competitiva. El enfoque japonés a la logística de la fábrica, Justo-A-Tiempo/Kanban, demostró ser superior a nuestros esfuerzos. Actualmente algunas empresas occidentales están tratando de emularlos. Mientras tanto, los japoneses y otros, están buscando con frenesí un sistema aún mejor, conocido como manufactura sincronizada, aunque todavía les falta definir exactamente qué es.

SISTEMAS DE LOGISTICA

- 1950 — Control Manual
  - 1965 — MRP*
    - 1975 — MRP Cíclico
      - 1980 — MRP II
        - 1985 — Manufactura Sincronizada

*Materials Requirements Planning -
Planeación de Requerimientos de Materiales

6. LA ROTACION DE INVENTARIOS MIDE EL DESEMPEÑO

En ninguna otra parte se ha manifestado mejor la carrera que en la rotación de inventarios. La tasa de rotación o uso del inventario es una medición excelente del desempeño y la velocidad de cambio en las empresas manufactureras. Durante los setentas, el estándar aceptable para rotación de inventarios estaba entre 2 y 5 vueltas por año. Un estudio realizado por la firma internacional de consultoría Booz, Allen & Hamilton, demostró que las empresas estadounidenses tenían un promedio de 3.7 vueltas en los setentas. El promedio japonés, aunque mayor, era de sólo 5.5. Eso era lo normal. Quienes tuvieron la visión y el valor para sugerir que se podrían tener rotaciones expresadas en dos dígitos fueron considerados como lunáticos.

En la década actual, de dos a cinco vueltas de inventario se considera totalmente inadecuado. El estándar de desempeño aceptable ha cambiado dramáticamente en tan sólo unos años a una cifra entre 5 y veinte vueltas. Las rotaciones de dos dígitos que anteriormente se consideraban imposibles de alcanzar son ahora obligatorias. Una serie de empresas occidentales ya está operando en rangos de 30 a 80 vueltas de inventario. Algunas empresas japonesas (gracias al cielo que sólo sean unas cuantas) han demostrado que se pueden alcanzar rotaciones de inventario en tres dígitos. Por doquiera hay un empuje por hacer las cosas muchísimo mejor de lo que se creía posible.

Aún con estas metas nuevas y dramáticas, que aún no han sido alcanzadas en forma generalizada, está apareciendo otro nuevo objetivo en el horizonte — la rotación de inventarios negativa.

Ahora se considera la posibilidad de rotar tan rápidamente los inventarios que se nos pague por el producto terminado antes de que tengamos que pagar por la materia prima. Es probable que ya en los restaurantes de comida rápida estemos pagando la hamburguesa antes de que ellos tengan que pagar por la carne. Quizá también sea posible hacerlo en una empresa manufacturera. El cambio es dramático cuando se mira a los inventarios como fuentes de dinero en lugar de usuarios de dinero.

ROTACION DE INVENTARIOS

- Antes de 1980 — 2.5 vueltas
- Después de 1980 — 5.20 vueltas
- 1985 - Algunos alcanzan entre 30 y 80 vueltas
- 1985 (Japón) - Unos cuantos han llegado a más de 100
- En el futuro (?) - Rotación de inventarios negativa

7. LA CARRERA POR OBTENER UNA VENTAJA COMPETITIVA SE ESTA ACELERANDO — Y RAPIDO

Estos pocos ejemplos ilustran que la carrera por la ventaja competitiva claramente se está intensificando. El desafío que tiene que arrostrar el gerente occidental es cómo hacerse mucho más competitivo muy rápidamente. Hemos ingresado a un período sin igual desde la revolución industrial. Las implicaciones para las empresas, países y nuestro nivel de vida, son tan profundas como cuando aparecieron las primeras compañías industriales en Inglaterra hace años.

Ya no es cuestión de un ciclo de tiempos buenos y tiempos malos. Ya no podemos cerrar las escotillas y esperar sobrevivir, como si esto fuera una tormenta pasajera más. Ya no podemos utilizar el enfoque convencional de recortar los gastos y despedir gente en los tiempos malos. Debemos escoger ubicarnos en la carrera por la competitividad. Las empresas que escojan encogerse para poder pasar el mal tiempo, simplemente desaparecerán. Las que sobrevivan serán las compañías que encuentren una forma de participar en esta carrera cada vez mayor por la competitividad.

La magnitud de nuestro problema se nos revelará en el momento que aceptemos que vamos a la zaga y que nos queda muy poco tiempo. Nuestros recursos, particularmente los gerenciales, están sumamente limitados; y nuestros fondos no son suficientes para permitirnos realizar experimentos riesgosos. Debemos tomar las decisiones correctas esta vez, o prepararnos para atenernos a las consecuencias.

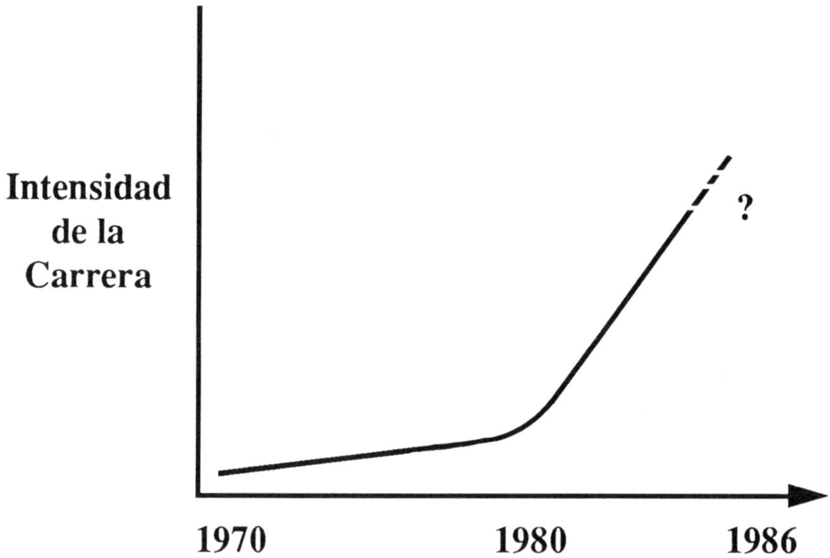

Cómo lograr mayor competitividad considerando nuestras limitaciones de:

- **Tiempo**
- **Recursos**
- **Financiamiento**

8. ¿DONDE COMENZAR? — DESCIFRANDO LA SOPA DE LETRAS

En los últimos cinco años, ha surgido una enormidad de técnicas como posibles soluciones. Existe todo un léxico de términos nuevos que se ha desarrollado y parece caracterizarse por ser siglas de dos y tres letras. Se nos dice que debemos implementar el Control Estadístico de Procesos (SPC)*, la tecnología grupal (GT), fábricas del futuro (FOF) y así sucesivamente. El gerente occidental se ve retado a resolver un problema muy fundamental a partir de esta "sopa de letras" de soluciones.

Entender cada una de estas nuevas tecnologías puede, de por sí, ser un reto que consuma mucho tiempo. Decidir cuáles son las mejores, una tarea de dimensiones formidables. Discurrir cómo integrarlas todas, está fuera del alcance de nuestra comprensión. Como no tenemos el tiempo, ni los recursos, ni los fondos para hacerlo todo, en todas partes, vale más que estemos convencidos de que estamos emprendiendo acciones que nos permitan remontarnos de nuevo a la cabeza de la carrera. Ha dejado de haber margen para cometer errores, y no hay tiempo para hacer experimentos arriesgados.

¿Cuáles son los más importantes pasos que hay que dar primero y cuáles tecnologías nos darán el mayor beneficio para que podamos tener el tiempo y los fondos para implementar el resto? Tal vez deberíamos comenzar por reexaminar la meta de esta carrera. Al llegar a entender la naturaleza y el propósito básicos de nuestras empresas manufactureras, quizá podremos encontrar una ruta que nos permita, tanto participar en la carrera por la competitividad como ganarla.

---

* *Nota del Traductor: Hemos dejado las siglas en inglés porque eso es lo que está en boga. Las siglas en español pueden derivarse fácilmente de los nombres completos de las técnicas que sí están siendo traducidos.*

TECNOLOGIA DE GRUPOS

CONTROL ESTADISTICO DE PROCESOS

CELDAS EN "U"

CERO INVENTARIOS

JUSTO-A-TIEMPO

FABRICACION INTEGRADA POR COMPUTADORA

LA CARRERA POR LA COMPETITIVIDAD: ¿POR DONDE COMENZAMOS?

CAD/CAM

MANUFACTURA SINCRONIZADA

FABRICA DEL FUTURO

ROBOTICA

CIRCULOS DE CALIDAD

CERO DEFECTOS

9. ¿CUAL ES LA META DE LA CARRERA?

¿Qué es lo que realmente estamos tratando de lograr en nuestros negocios? ¿Aportaron a la compañía su dinero los inversionistas y sus esfuerzos los empleados con la intención altruista de darle un mejor servicio a sus clientes? ¿O lo hicieron porque deseaban el prestigio de tener la mayor participación del mercado? ¿Querían presumir de que tenían costos más bajos que los de la competencia? ¿Sería la meta de estos inversionistas y empleados disfrutar del orgullo de tener los productos de mejor calidad? ¿Será probable, quizá, que hayan invertido su dinero y sus esfuerzos en crear una compañía para que sólo sobreviva?

No lo creemos. Todos estos objetivos pueden ser medios útiles para lograr la meta de la compañía, pero no son en sí la meta. Nosotros creemos que la meta de una empresa manufacturera es una y sólo una — ganar dinero en el presente y también en el futuro. De eso es de lo que se trata ganar la carrera. Pero, ¿qué significa realmente "ganar dinero"?

¿CUAL ES LA META?

¿Mejor servicio al cliente?

¿Mayor Participación de Mercado?

¿Reducción de Costos?

¿Mayor Calidad?

¿Supervivencia?

Ganar DINERO en el presente, y también en el futuro

Ganar la carrera

10. ¿COMO MEDIR SI ESTAMOS "GANANDO DINERO"?

Todos conocemos los indicadores de resultados para saber si estamos ganando dinero. Una empresa necesita ganar utilidades, que es el indicador absoluto de si se está ganando dinero. Pero ¿basta con ese único indicador? Si una empresa gana 10 millones de dólares, ¿es bueno o malo? Si hubieran invertido 20 millones, sería bastante bueno. Pero si la inversión hubiera sido de 200 millones, entonces es malísimo. Necesitamos un indicador adicional que muestre cuánto dinero hemos ganado con respecto al dinero que invertimos en el negocio, un indicador como retorno sobre la inversión. Estos dos indicadores parecen ser suficientes, pero a muchas empresas la amenaza de quiebra les ha recordado en forma contundente que también existe un indicador de supervivencia, como el flujo de efectivo. El flujo de efectivo es un indicador de nivel. Cuando tenemos suficiente liquidez, no es importante. Cuando no tenemos suficiente, nada más importa.

En tanto que estos tres indicadores de resultados son suficientes para determinar cuándo está ganando dinero el negocio, son deplorablemente inadecuadas para juzgar el impacto de las acciones específicas sobre nuestra meta. Por ejemplo, ¿en qué tamaño de lotes debemos de procesar los materiales por nuestra planta? ¿de cinco en cinco? ¿cincuenta? ¡tal vez de cien en cien! ¿Qué impacto van a tener estos tamaños de lote en los resultados de la planta? O bien, ¿debemos comprar un robot nuevo? Seguramente va a ser más eficiente, pero también es caro. ¿Cuál va a ser el impacto que resulte de esto sobre los resultados de la empresa entera? o ¿Debemos aceptar un pedido de un producto cuando el precio de venta es bastante inferior a nuestro precio normal? Claramente, necesitamos alguna clase de puente entre las decisiones de operación específicas que tenemos que tomar y los indicadores de los resultados de la compañía entera.

Hoy por hoy, nuestro puente se basa en el concepto de costo. Hemos desarrollado una gran cantidad de procedimientos y sistemas basados en el concepto de costo. Empleamos la técnica de cantidades económicas de pedido para ayudar a determinar el tamaño de los lotes. Analizamos las oportunidades de inversión en base a las reducciones de costo para determinar cuando usar nuestro capital. Calculamos los costos y los márgenes de los productos para ayudarnos a entender qué productos debemos lanzar al mercado y cuáles debemos descontinuar.

El concepto de costo y los procedimientos de costeo son el puente actual entre nuestras acciones y los indicadores de resultados, pero ¿nos está guiando en la dirección correcta este puente?

LA META: GANAR DINERO

Indicadores de resultados:

UTILIDAD NETA (Absoluto)	RETORNO SOBRE LA INVERSION (Relativo)	FLUJO DE EFECTIVO (De Supervivencia)

↑ ↑ ↑

¿Cuál es el puente?

↑

ACCIONES

11. ¿ESTA FATALMENTE AGRIETADO EL PUENTE DE LOS COSTOS?

A pesar del hecho de que los procedimientos de costeo están bien definidos, los gerentes comúnmente pasan por alto los resultados calculados debido a su experiencia e intuición. Se hace caso omiso de las cantidades económicas de pedido. En lugar de usar un tamaño de lote calculado en 46.5, escogemos lotes de 50 y luego pasamos por alto esta decisión cuando dividimos y traslapamos los lotes en nuestras plantas. Actualmente se está invirtiendo fuertemente en "fábricas del futuro" en las que la recuperación de la inversión será hasta dentro de siete u ocho años, a pesar de que el tiempo que requerimos para recuperar otras inversiones es de menos de tres años. Decidimos que las "fábricas del futuro" son importantes desde el punto de vista estratégico independientemente de lo que muestren los cálculos de costos. Aceptamos pedidos en las plantas aunque no debiéramos aceptarlos si seguimos las recomendaciones de costos.

Actualmente utilizamos tanto los costos como la intuición para determinar qué acciones realizar. El simple hecho de que pasamos por alto las recomendaciones de costos con tanta frecuencia ya nos habla de que los procedimientos de costos no son adecuados. La intuición con frecuencia ayuda a mejorar la recomendación de costos pero, desafortunadamente, la intuición no es una base para la buena comunicación. Aunque esta combinación de costos e intuición no era suficiente en el pasado, la nueva carrera por la competitividad ha hecho que la combinación sea completamente obsoleta como lo muestran los siguientes dos ejemplos.

EL PUENTE:

En la actualidad usamos:

Costos (+ Intuición)

¿Bastará con esto en este nuevo y competido mundo?

12. EL CONCEPTO DE COSTOS ESTORBA LA OBTENCION DE UNA MEJOR CALIDAD

La carrera por la ventaja competitiva nos está obligando a reducir las mermas y mejorar la calidad. Supongamos que una empresa ahorra $10 mil dólares al año en mano de obra y materiales cada vez que reduce las mermas en 1%. Si el nivel de mermas era del 5% y la compañía pudiera duplicar el nivel de calidad reduciendo las mermas al 2% aproximadamente, el ahorro representaría $30,000 por año. Supongamos que la inversión requerida en equipo, herramental o capacitación para lograr esta mejora fuera de $20,000. La recuperación de esta inversión se lograría en menos de un año y el juicio de costos nos diría que lo hiciéramos.

Veamos como el uso de este puente de costos incide sobre los cada vez mayores pasos para mejorar la calidad en la carrera por alcanzar "cero defectos". Duplicar la calidad de nuevo, para reducir las mermas del 2% al 1% producirá un ahorro de sólo $10,000. La inversión que ahora se requiera indudablemente será superior a los $20,000, puesto que el primer paso probablemente requirió de la solución de tan sólo uno o dos problemas importantes, en tanto que este paso puede implicar varias inversiones para resolver muchos problemas más pequeños. No obstante, supongamos que la inversión sigue siendo sólo de $20,000. La decisión ahora es menos clara porque ahora se necesitan dos años para recuperar la inversión.

El ahorro de una tercera duplicación de la calidad, reduciendo las mermas del 1% a 0.5% será de sólo $5,000. Nuestra inversión con toda seguridad será superior a los $20,000, pero seamos conservadores y utilicemos de nuevo esta cantidad. Ahora el juicio de costos nos dirá claramente que no lo hagamos puesto que una recuperación en 4 años no justifica la inversión.

¿Cómo podemos esperar llegar a lograr un nivel de calidad de partes-por-millón en mermas cuando el puente de costos ya nos impide pasar del nivel de 1%? Sabemos que cuando producimos productos defectuosos no sólo mermamos la materia prima y mano de obra, sino que también estamos mermando nuestro mercado. En nuestro mundo cada vez más competitivo, nos vemos obligados a declarar que "la calidad es lo número uno", lo que significa que se permitirá toda inversión que implique mejorar la calidad. Habremos perdido completamente el metro patrón para medir. El puente en esta área simplemente ya no existe.

El mismo fenómeno de juicio de costo que nos sirvió en el pasado, y ahora nos estorba al participar en la carrera, también se revela en los frenéticos esfuerzos por reducir el inventario.

EL CONCEPTO DE COSTOS NOS IMPIDE LOGRAR UNA VENTAJA COMPETITIVA A TRAVES DE UNA CALIDAD EXPRESADA EN PARTES POR MILLON.

Reducción de Piezas inservibles de a	Ahorro Anual en Costos	Inversión Requerida	Decisión en Base a Costos
5% 2 %	$ 30,000	$ 20,000	Hacerlo
2% 1 %	$ 10,000	$ 20,000	Indiferente
1% 0.5 %	$ 5,000	$ 20,000	No hacerlo

13. LA ALTA ROTACION DE INVENTARIOS NO ESTA JUSTIFICADA POR COSTOS

Supongamos que una compañía tiene un inventario de \$15 millones y estima el costo de manejar inventarios a un 25% de su valor. Si la compañía actualmente está rotando su inventario tres veces al año y es capaz de duplicar la rotación a seis vueltas por año, los costos se reducirán en aproximadamente \$2 millones por año (25% x \$15 millones/2). Dicha reducción de inventario no se logra sin esfuerzo e inversiones. Si la inversión necesaria es de alrededor de \$2 millones, entonces el juicio de costos va a ser hacerlo, puesto que la recuperación se dará en aproximadamente un año.

La situación cambia cuando la compañía desea duplicar las vueltas de inventario una vez más de seis a doce. Ahora los ahorros en costos serán de sólo \$1 millón (25% x \$15 millones/4). La inversión requerida probablemente será mayor. Sin embargo, aunque utilicemos los mismos \$2 millones, la decisión ahora no queda clara porque la recuperación se tarda más de dos años. El juicio de costos es neutral. Si hay algunas buenas razones intangibles por las cuales invertir, hacerlo. Si no, no. Pero cuando la compañía está tomando los pasos necesarios para sobrevivir en esta nueva carrera competitiva y trata de duplicar las vueltas de inventario de 12 a 24, se le impide. Los ahorros en costos son ahora de sólo \$500,000, con una recuperación a cuatro años. Ahora el juicio de costos es muy claro y fuerte. No hacerlo.

Es muy obvio que debemos buscar un mejor puente que nos guíe en nuestros esfuerzos por alcanzar a los demás corredores. Afortunadamente, hay un conjunto muy usado de tres indicadores que no son indicadores de resultados ni indicadores de costos. Estos indicadores son ventas totales, inventario total y total de gastos de operación. El uso de estos indicadores está muy difundido porque nuestra intuición ya nos está diciendo que son un puente firme. Sin embargo, para usar este puente de ventas-inventarios-gastos de operación para decisiones específicas necesitamos desarrollar procedimientos que guíen nuestras acciones. Como primer paso de este proceso, debemos definir qué es lo que queremos decir precisamente con ventas, inventarios y gastos de operación.

EL CONCEPTO DE COSTOS NOS IMPIDE LOGRAR UNA VENTAJA COMPETITIVA A TRAVES DE UNA ELEVADA ROTACION DE INVENTARIOS.

Incremento de la Rotación de Inventarios de	a	Ahorro en Costos por Año •	Inversión Requerida	Decisión en Base a Costos
3	6	$ 2 Millones	$ 2 Millones	Hacerlo
6	12	$ 1 Millón	$ 2 Millones	Indiferente
12	24	$ 0.5 Millones	$ 2 Millones	No hacerlo

•Suponiendo que el inventario inicial sea de $15 millones y el costo de manejo de inventarios sea del 25%

14. THROUGHPUT*-INVENTARIO-GASTO DE OPERACION—UN MEJOR PUENTE

Hemos decidido definir estos tres indicadores de la siguiente manera:

Throughput(*) — La velocidad a la cual una organización genera dinero a través de las ventas. Nótese, a través de las ventas, no a través de la producción. Si hemos producido algo y no lo hemos vendido, no es throughput.

Inventario — Todo el dinero que el sistema invierte en la compra de cosas que pretende vender. Esta definición de inventario se desvía de las definiciones tradicionales puesto que excluye el valor agregado de la mano de obra y los gastos generales de fabricación. Hemos elegido usar esta definición para poder eliminar las distorsiones y decisiones contraproducentes causadas por las utilidades y pérdidas por inventarios generadas contablemente.

Gasto de Operación — Todo el dinero que el sistema gasta para poder transformar el inventario en throughput. Esta definición de gasto de operación incluye no sólo a la mano de obra directa, sino también la gerencia, las computadoras e incluso a las secretarias. Si el trabajo de una secretaria no es auxiliar en la transformación de los inventarios en throughput, entonces su sueldo no será un verdadero gasto de operación sino tan sólo un desperdicio.

Se puede encontrar un examen mucho más amplio de estos indicadores en *La Meta — Un Proceso de Mejora Continua.* A estos tres indicadores les llamamos indicadores operativos globales. El primer paso para usarlos como puente es clarificar los vínculos que existen entre estos tres indicadores operativos y los indicadores financieros de resultados.

**Nota del Traductor: Hemos preferido respetar el término "THROUGHPUT" (pronúnciese "trú-put") como término técnico de teoría de restricciones y entenderlo como lo indica esta definición, ya que en otros contextos la palabra "THROUGHPUT" tiene otras traducciones que no tienen nada que ver con lo que quieren expresar los autores de la presente obra. Antes que tratar de utilizar un "equivalente" castellano que confunda al lector, preferimos usar el término original. Quizá la traducción más cercana a "THROUGHPUT" en este contexto sea "GENERACION DE DINERO".*

EL CONCEPTO DE COSTOS DEBE SER SUBSTITUIDO POR INDICADORES GLOBALES DE OPERACION.

THROUGHPUT*

La velocidad a la que el sistema genera dinero a través de las ventas.

INVENTARIO

Todo el dinero que el sistema invierte en la adquisición de cosas que pretende vender.

GASTOS DE OPERACION

Todo el dinero que el sistema gasta en transformar el inventario en throughput.

**Nota del Traductor: Hemos preferido respetar el término "THROUGHPUT" (pronúnciese "Trú-put") como término técnico de teoría de restricciones y entenderlo como lo indica esta definición, en lugar de tratar de usar un "equivalente" en castellano que confunda al lector. Quizá la traducción más cercana a "Throughput" en este contexto sea: "Generación de dinero".*

15. T-I-OE* Y LOS RESULTADOS

Sabemos que nuestra meta es ganar dinero y que medimos el avance hacia ella, mediante los tres indicadores de resultados financieros. Si realizamos acciones que incrementen a estos tres indicadores en forma simultánea, definitivamente estaremos avanzando en la dirección correcta.

La relación sentida intuitivamente entre throughput, inventarios y gasto de operación (T-I-OE) y los indicadores de resultados se agudiza con nuestras nuevas definiciones. Ahora podemos ver que cuando se incrementa el throughput sin afectar adversamente los inventarios ni los gastos de operación, entonces la utilidad neta, el retorno sobre la inversión y el flujo de efectivo se incrementan simultáneamente. Logramos el mismo resultado al reducir el gasto de operación sin afectar de manera adversa al throughput o los inventarios.

Cuando analizamos el impacto de reducir los inventarios vemos que el resultado de esto no es el mismo. Reducir los inventarios incrementan sólo el retorno sobre la inversión y el flujo de efectivo. No tiene un impacto directo sobre la utilidad neta. ¿Debemos concluir que el inventario es menos importante que el throughput o el gasto de operación? Tal parece que así es como lo hemos considerado.

También es la forma en que la mayoría de los gerentes históricamente han percibido a T-I-OE. Las ventas netas (throughput) y el gasto de operación total siempre han parecido ser importantes. El inventario frecuentemente ha asumido una posición secundaria. Cuando lo examinamos más detenidamente, vemos que el inventario sí tiene un impacto sobre la utilidad neta y también tiene un efecto adicional sobre los otros dos indicadores de resultados. Sin embargo, estos impactos son indirectos — a través del canal del cargo por manejo de inventarios.

**Nota del Traductor:* *T-I-OE son las iniciales de las palabras Throughput, Inventory, Operating Expense. Hemos decidido dejar estas abreviaturas en inglés para mantener una consistencia en términos. En todo caso, el trinomio T-I-OE ha llegado a convertirse en un tecnicismo común entre los estudiosos de la Teoría de Restricciones.*

EL IMPACTO DIRECTO: INDICADORES DE OPERACION Y RESULTADOS

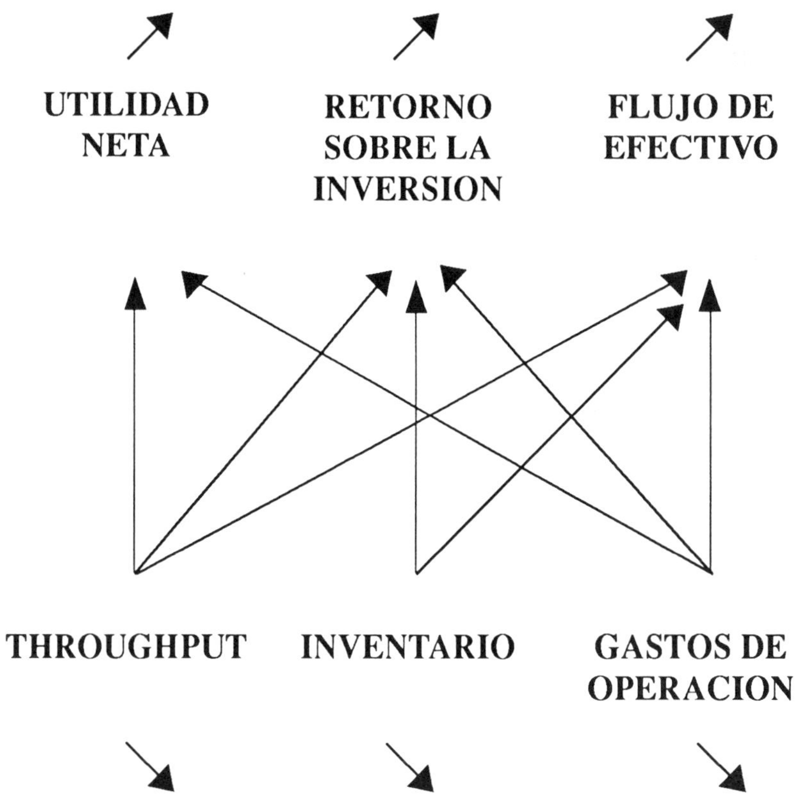

16. EL INVENTARIO Y EL CAÑAL DEL CARGO POR MANEJO

El impacto indirecto del inventario sobre los tres indicadores de resultados típicamente se estima mediante el uso de los cargos por manejo. Reconocemos que la reducción del inventario reduce una serie de gastos de operación, como el cargo de intereses, espacio de almacenamiento, mermas, obsolescencia, manejo de materiales, repetición de trabajos. Recientemente la mayoría de las compañías han estimado que su cargo anual por manejo de inventarios se encuentra alrededor del 25% del valor de inventario (valor que incluye mano de obra y gastos indirectos). Puesto que reducir los inventarios reduce el gasto de operación, incrementa los tres indicadores de resultados.

Ahora podemos ver que la reducción del inventario tiene un impacto doble en el retorno sobre la inversión y el flujo de efectivo, debido a sus impactos directo e indirecto. Hay sólo un impacto indirecto sobre la utilidad neta, a saber, a través del canal del cargo por manejo de inventarios. Vimos en un ejemplo anterior como nuestros métodos financieros actuales nos conducen a pensar que según bajamos el inventario, la importancia de los ahorros derivados de reducciones ulteriores del inventario disminuye a su vez. Esto contrasta drásticamente con el enfoque que nuestros competidores, los japoneses, están utilizando para el manejo de los inventarios.

EL IMPACTO INDIRECTO: INVENTARIO Y GASTOS DE MANEJO DE INVENTARIOS LA VISION OCCIDENTAL

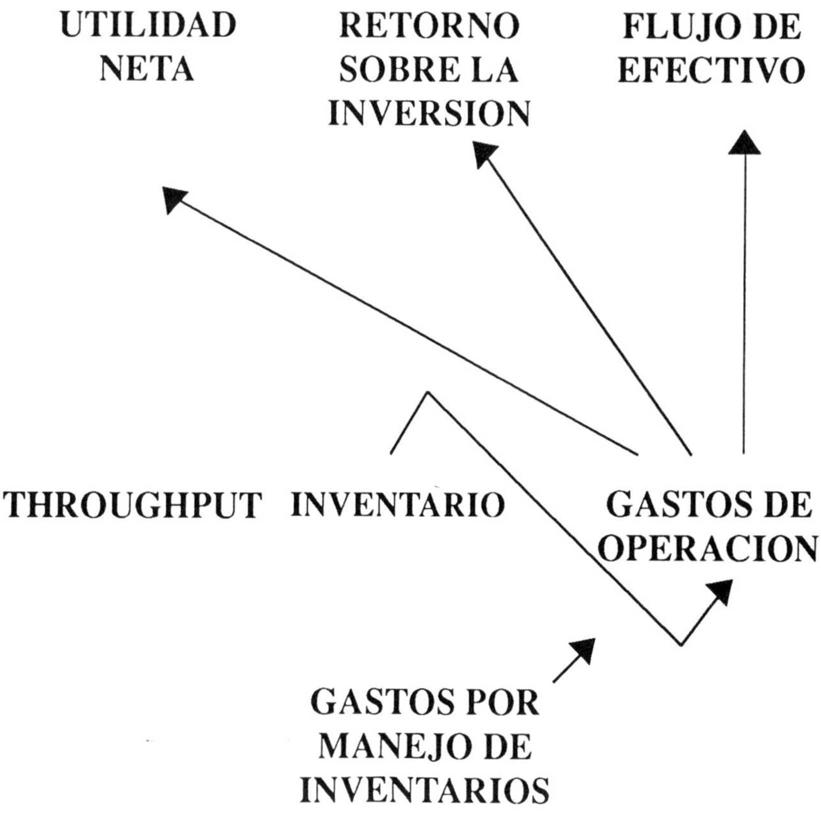

17. ¿QUIEN TIENE LA RAZON — NUESTROS SISTEMAS FINANCIEROS O LOS JAPONESES?

Los japoneses adjudican una importancia enorme a la reducción de inventarios. De hecho, se van al extremo de caracterizar al inventario como "un mal". Hacen enormes esfuerzos por reducir el inventario sin importar lo pequeño que ya sea. El enfoque japonés ha sido enarbolado recientemente en los Estados Unidos por la APICS (siglas en inglés de la Sociedad Americana de Producción y Control de Inventarios) bajo el nombre de "cero inventario" para ilustrar esta consigna de eliminar los inventarios.

Si tuviera que decidir quién tiene la razón, ¿nuestros sistemas financieros o los japoneses? ¿Cuál sería la elección de usted? Nosotros, como usted, creemos que los japoneses probablemente tienen razón. Creemos que existe un segundo impacto indirecto del inventario, que aún no ha sido reconocido por nuestros sistemas financieros.

Hay una sensibilización cada vez mayor en la industria occidental de que existen beneficios "intangibles" derivados de la reducción de los inventarios, los cuales en esta frenética carrera son más importantes que cualquier otra cosa. Estamos reconociendo, cada vez más que el inventario tiene un impacto significativo sobre nuestra postura de competitividad en el mercado.

Para poder clarificar este impacto, debemos examinar los elementos que comprenden la competitividad en el mercado.

El impacto que tradicionalmente se le ha atribuido al mejoramiento de los inventarios, disminuye rápidamente conforme van bajando los inventarios.

ENTONCES...

¿Por qué dan tanto énfasis a la reducción de inventarios los japoneses?

Este método japonés se promueve en los Estados Unidos con el nombre de:

"ZERO-INVENTORY" (Cero Inventario)

18. LOS SEIS ASPECTOS DE LA VENTAJA COMPETITIVA

Podemos ganar ventajas competitivas teniendo mejores productos, precios más bajos o una respuesta más rápida. Curiosamente, cada una de estas categorías se pueden dividir en dos ramas distintas. Podemos ganar una ventaja competitiva a través de nuestros productos teniendo tanto una calidad soberbia y una excelente ingeniería. Por ejemplo, supongamos que dos compañías ofrecen el mismo producto al mercado al mismo precio, pero una de ellas produce un producto de calidad muy superior. Definitivamente, la compañía de la calidad superior capturará el mercado a la larga. Ya estamos bien sensibilizados a un sorprendente ejemplo de esto: los automóviles japoneses. Los japoneses han penetrado en los mercados occidentales debido a su soberbia calidad y no debido a que sus productos tengan más atributos o se entreguen más rápidamente. Por otro lado, podemos conquistar una ventaja competitiva porque nuestros productos tienen una mejor ingeniería que la de nuestros competidores. Si dos empresas ofrecen al mercado el mismo tipo de producto al mismo precio y calidad, entonces, la compañía que ofrezca más atributos en el producto definitivamente capturará al mercado.

El mismo patrón se sostiene en lo que toca al precio. La compañía que tenga los márgenes más altos (costo más bajo) tendrá mayor flexibilidad en cuanto a precios y por lo tanto podrá capturar al mercado. Sin embargo, no debemos hacer caso omiso de la tremenda ventaja de una menor inversión por unidad. Esta ventaja competitiva también le da a la empresa mayor flexibilidad para competir debido a que tiene un punto de equilibrio más bajo.

La responsividad también se compone de dos partes. La primera es la ventaja competitiva que proviene de un mejor cumplimiento de las fechas promesa de entrega. Prometemos entregar una cierta calidad de productos para cierta fecha. ¿Cuántas veces logramos cumplir nuestro compromiso con éxito? Si lo logramos el 80% de las veces mientras que el cumplimiento de nuestro competidor consistentemente es del 90%, tarde o temprano se quedará con nuestros clientes. Si nosotros cumplimos con nuestra promesa de entrega el 90% de las veces y nuestro competidor tiene un cumplimiento del 95%, de todos modos ganará él. Se trata de una carrera interminable, ya que nuestros clientes están continuamente elevando sus expectativas, siempre ajustándose al proveedor de mejor cumplimiento y usando como norma ese desempeño superior.

El cumplimiento de fechas promesa de entrega es diferente de cotizar tiempos de entrega más cortos, que es la segunda avenida de la responsividad. Esta ventaja nos da la habilidad para comprometernos a entregar antes que nuestros competidores. Todos los vendedores conocen la ventaja significativa de ofrecer al cliente un tiempo de entrega más rápido.

Nosotros creemos que estos seis elementos comprenden los aspectos de la ventaja competitiva para los mercados de hoy y de mañana. La verdadera carrera hoy no se libra en sólo uno de estos aspectos, sino en la totalidad de los seis. Curiosamente, la mayoría de estos elementos son considerados por nuestros sistemas financieros como intangibles. Quizá deberíamos considerarlos como nuestro throughput futuro. Vamos a mostrar, mediante un sencillo ejemplo, el verdadero impacto del inventario sobre nuestros throughput futuro y los seis elementos de la ventaja competitiva.

QUE PAPEL DESEMPEÑA LA REDUCCION DE INVENTARIOS?

PRODUCTO
- **CALIDAD**
- **INGENIERIA**

PRECIO
- **MAYORES MARGENES**
- **MENOR INVERSION POR UNIDAD**

CAPACIDAD DE RESPUESTA
- **CUMPLIMIENTO PUNTUAL**
- **TIEMPOS DE ENTREGA COTIZADOS MAS CORTOS**

19. UN ENTORNO CON ALTOS INVENTARIOS

Podemos explorar el impacto que los inventarios tienen sobre los seis elementos de la ventaja competitiva contrastando un entorno manufacturero de altos inventarios contra uno de bajos inventarios. Supongamos que una compañía tiene un pedido por 1,000 unidades que se fabrican en un proceso de cinco pasos. En la manufactura con alto inventario, el material podría procesarse y moverse por la planta en un único lote de 1,000 piezas. Cada operación termina todo su trabajo antes de pasar nada del material a la siguiente operación. Conforme se va alimentando material a la planta, se eleva el nivel de inventario de productos en proceso de fabricación y éste no comienza a descender en tanto no se complete el producto en la última operación y se pueda embarcar.

En este ejemplo con alto inventario, se necesitan como cuatro meses para completar el pedido aún cuando se tenga la planta en operación 24 horas al día y siete días a la semana. Esto contrasta marcadamente con la manufactura con bajo inventario, como lo veremos en seguida.

FABRICACION CON ALTOS INVENTARIOS

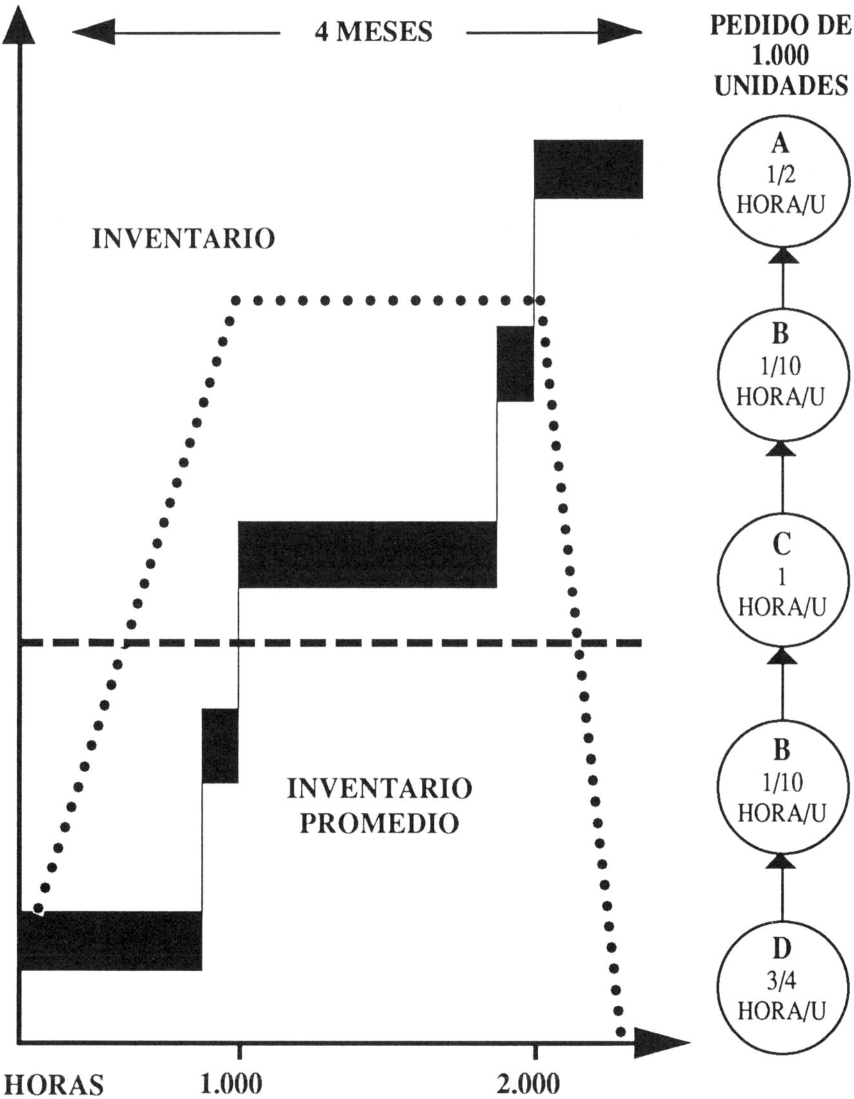

20. UN ENTORNO CON BAJO INVENTARIO

En nuestro ejemplo de manufactura con bajos inventarios, hay sólo dos cambios. Primero, hemos separado y traslapado los lotes. Ya no tenemos que esperar hasta que cada operación haya completado el pedido entero antes de pasar las piezas listas a la siguiente operación. El material se traslada de operación a operación en lotes de menos de 1,000 piezas, lo que permite que se trabajen varias operaciones en el mismo pedido simultáneamente. Además hemos reconocido que en cualquier proceso hay una operación que es la restricción, la operación más cargada o la que se tarda más tiempo que las demás. En nuestro ejemplo, se trata de la operación C. Puesto que hemos reconocido que C es la restricción, hemos decidido alimentar materia prima al proceso sólo en cantidades suficientes para mantener a la restricción, y no la primera operación ocupada.

Como resultado de estos dos cambios, el nivel inventario de productos en proceso de fabricación es mucho más bajo, y el pedido se completa en más o menos la mitad del tiempo. Con todo y que estos beneficios son atractivos, nuestra verdadera misión es explorar qué impacto producen en los seis elementos de la ventaja competitiva nuestras operaciones con inventarios altos y las de inventarios bajos. Es importante notar que estamos contrastando ambientes relativos, no absolutos. El problema no es cuánto inventario tiene una compañía, sino cuánto tiene con relación a sus competidores. El primer elemento de la ventaja competitiva que exploraremos es la calidad.

FABRICACION CON POCO INVENTARIO

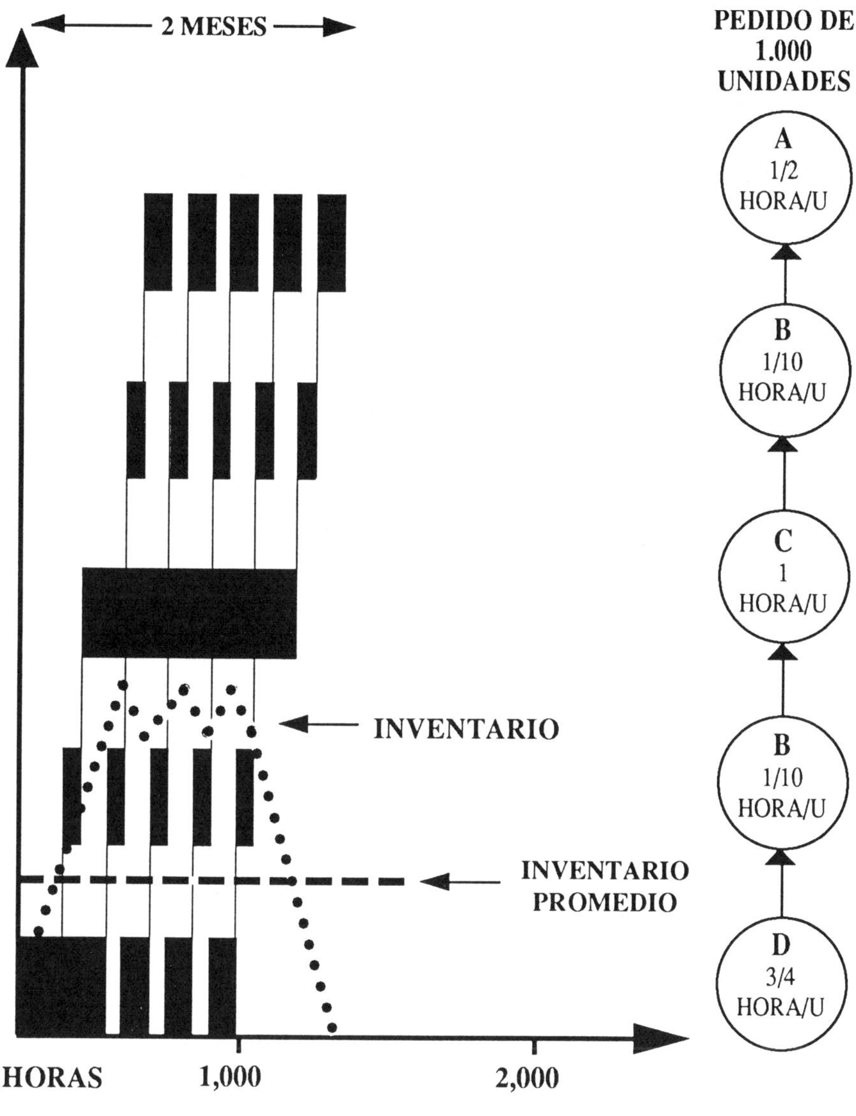

21. DEMING LE ENSEÑO CALIDAD A LOS JAPONESES

Los japoneses dieron un giro histórico en la calidad de sus productos. En el período que siguió a la Segunda Guerra Mundial percibíamos a los productos japoneses en general como mal hechos y de pacotilla. Sin embargo, en unas cuantas décadas transformaron completamente su imagen. Actualmente, los japoneses están fijando las normas de calidad de producto en muchas industrias.

¿Cómo lograron los japoneses un cambio tan notable en un tiempo tan breve? Si se lo preguntamos a los japoneses, casi universalmente lo atribuyen al Dr. W. Edward Deming, el famoso estadístico estadounidense. Disculpándonos con el Dr. Deming por tratar de expresar su enorme contribución en unas cuantas palabras, podríamos resumir su enfoque con la afirmación de que "el control de calidad debería utilizarse para verificar los procesos, no los productos."

El secreto del mensaje del Dr. Deming no está en las técnicas que le enseñó a los japoneses, sino en cómo les cambió el enfoque y sus actitudes respecto a la calidad. Se puede apreciar un ejemplo del cambio en enfoque, cuando descubren alguna parte defectuosa. La gerencia tiene dos opciones. Puede expeditar la obtención de una parte de repuesto, o puede dedicar tiempo a determinar la causa del problema. Con lo escaso de los recursos gerenciales, es difícil realizar ambas tareas. Los japoneses han decidido adoptar la teoría del Dr. Deming y han concentrado sus esfuerzos en averiguar la causa del problema para poder eliminarlo para siempre. Nosotros seguimos expeditando.

La adopción del enfoque de Deming también requiere de cambios aparentemente radicales en la actitud con respecto a las mermas y la repetición del trabajo. ¡Con cuánta frecuencia la reacción de los gerentes occidentales es tratar de encontrar al culpable! (A esto también lo llamamos responsabilizar). ¿Quién fue el trabajador que se descuidó? ¿Por qué no prestó más atención el supervisor? ¿Quién fue el ingeniero que prescribió un proceso imperfecto? Mientras exista esta actitud, será muy difícil encontrar la causa. Nuestra gente encubrirá la causa en lugar de ponerla de manifiesto.

La adopción del enfoque de Deming exige que al defecto se le trate no como a un problema, por el cual haya que culpar a alguien, sino que Deming cree que los defectos deben ser percibidos como joyas preciosas, porque nos pueden ayudar a encontrar las limitaciones de los procesos. Si podemos detectar una limitación, tendremos oportunidad de corregirla para siempre — mejorar permanentemente nuestro proceso.

Claramente, se trata de dos visiones diferentes de la calidad, pero ¿cuál es la relación que existe entre inventario y calidad, si es que existe alguna?

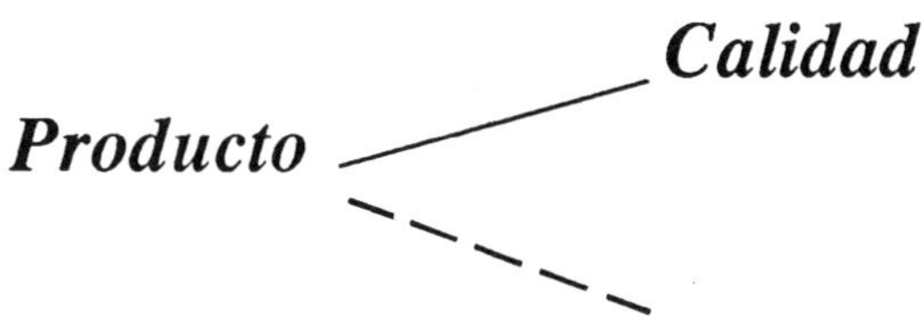

"El control de calidad debe verificar el proceso, no el producto".

–Dr. Deming

22. BAJO INVENTARIO IGUAL A ALTA CALIDAD

Supongamos que en la manufactura del pedido de 1,000 piezas el producto se daña en la primera operación de nuestro proceso. Este defecto, tarde o temprano será detectado pero ¿cuándo? ¿Típicamente, cuándo inspeccionamos nuestros productos? Desafortunadamente, con demasiada frecuencia lo hacemos después de la última operación. En un entorno de altos inventarios, el daño habrá ocurrido dos meses antes, lo que hará que sea sumamente difícil determinar qué causó el defecto. ¿Quién podrá recordar cuáles eran los problemas de operación de hace dos meses? Sin embargo, lo que es aún más importante, es que ahora tendremos enormes presiones por expeditar las partes adicionales, ya que ahora nuestro pedido estará sumamente demorado. ¿A qué cree usted que le dedicará sus esfuerzos la gerencia: a la expeditación o a descubrir y resolver el problema?

En el ambiente de bajos inventarios, cuando se detecta el daño en la última operación, todavía estamos produciendo el producto en la primera operación. Debemos de poder determinar la causa del problema mucho más fácilmente. La presión por dedicar mucho del tiempo gerencial a la expeditación prácticamente desaparece. Habremos detectado el problema antes de que se haya producido incorrectamente todo el pedido. Se habrán necesitado menos partes de repuesto y las habremos podido producir mucho más rápidamente que en el entorno de altos inventarios, sin tener que recurrir a la expeditación.

La gerencia ahora tendrá tiempo y capacidad para encontrar y eliminar la causa del problema — esperamos que para siempre. Probablemente no sea posible tener alta calidad a menos de que se tengan bajos inventarios. Definitivamente existe una correlación entre la gente que produce la mejor calidad, los japoneses, y la gente que tiene los inventarios más bajos, también los japoneses. ¿Cree usted que esto sea una simple coincidencia?

Podemos ver el eslabón entre el inventario y la calidad. ¿Existirá un eslabón semejante entre inventario e ingeniería de producto?

COMPARACION ENTRE SISTEMAS DE ALTO <u>VS</u> BAJO INVENTARIO: CONTROL DE CALIDAD

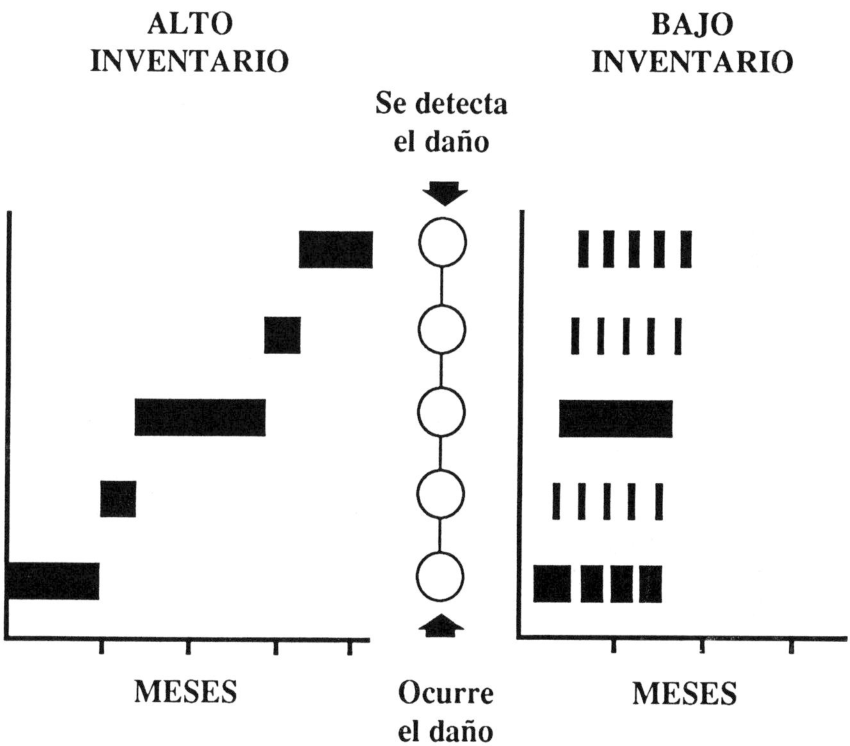

¡El daño se detecta después de dos meses!
¿Qué probabilidades hay de localizar la causa?

El daño se detecta cuando el proceso en que tuvo lugar aún está en operación.

23. INGENIERIA DE PRODUCTO E INVENTARIOS ¿EN QUE SE RELACIONAN?

El propósito de los cambios de ingeniería de producto es mejorar nuestros productos, para hacerlos superiores a los de la competencia. Si podemos ofrecer productos que tengan las más recientes funciones y los atributos deseados por el mercado, podremos obtener una ventaja competitiva. El poder de los productos nuevos, con mejor ingeniería de producto se pone de manifiesto en la fascinación que ejercen sobre Wall Street las empresas de alta tecnología. No es la tecnología, por sí misma, lo que atrae a los inversionistas, sino el potencial de las compañías que son las primeras en llegar al mercado con un producto nuevo o mejorado. Si podemos ser los primeros en llegar al mercado con una computadora personal más rápida y más barata, o con un nuevo producto biogenético, el mundo estará a nuestros pies.

Casi ningún sector manufacturero es inmune. Observemos lo que ha sucedido recientemente con productos otrora estables como los teléfonos, relojes y hasta los productos industriales. Ser el primero en el mercado con un producto mejorado es claramente una ventaja competitiva. ¿Por qué hacemos hincapié en lo obvio? Desafortunadamente, mucha gente de producción cree que los cambios de ingeniería son sólo para hacerles la vida más difícil.

El impacto de las mejoras de ingeniería sobre el mercado parece depender sólo de nuestros esfuerzos de investigación de mercados por definir las necesidades del mercado, y la habilidad de nuestros departamentos de ingeniería para desarrollar los productos que se necesitan. ¿Cómo puede ser que el inventario tenga un impacto aquí?

Producto

Ingeniería

¡El propósito de los cambios de ingeniería es mejorar el producto!

24. BAJOS INVENTARIOS, UNA MANERA MAS RAPIDA PARA INTRODUCIR PRODUCTOS AL MERCADO

Supongamos que un cambio de ingeniería que afecte a la primera operación sea emitido un mes después de que se ha comenzado a trabajar un pedido en la planta. En la manufactura con altos inventarios, la primera operación ya se terminó. El gerente de planta ahora tiene que elegir entre descartar o volver a trabajar este material, o bien demorar la implementación del cambio de ingeniería hasta la siguiente orden de producción de este producto. Si escogemos la segunda opción pasarán más de tres meses antes de que podamos surtir el producto mejorado al mercado. ¿Cuántos gerentes tienen el valor para desechar un pedido así y cuántos escogerán implementar el cambio de ingeniería con el siguiente pedido? Todos nosotros conocemos la respuesta.

En un entorno de bajo inventario, una parte del pedido todavía no ha sido procesado por la primera operación y no necesitará desecharse o volverse a trabajar si decidimos implementar el cambio de ingeniería. El producto superior estará disponible en el mercado en menos de dos semanas. La compañía del entorno de bajo inventario tendrá un producto superior a disposición del mercado durante un período significativo sin competencia y podrá conquistar nuevas ventas y una mayor participación. Al irse reduciendo continuamente los ciclos de vida de los productos, estos efectos se vuelven cada vez más importantes.

Ahora resulta bastante obvio que el inventario afecta la ventaja competitiva del producto, pero ¿cómo afecta el inventario al precio de manera más significativa de la que ya reconocemos a través del canal de los cargos por manejo de inventarios?

COMPARACION DE SISTEMAS DE ALTO VS BAJO INVENTARIO: CAMBIOS DE INGENIERIA

ALTO INVENTARIO | BAJO INVENTARIO

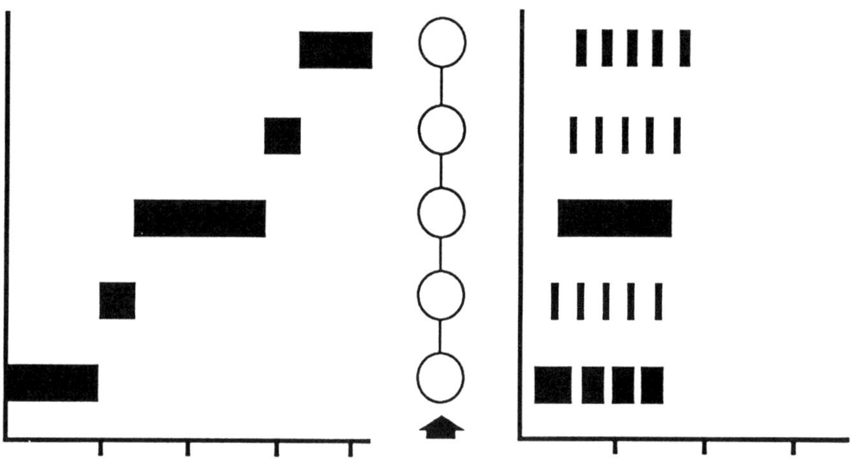

MESES | Cambio de ingeniería un mes después de comenzar a elaborar el pedido. | MESES

El producto mejorado estará disponible únicamente varios meses después de que se haga el cambio de ingeniería.

El producto mejorado estará disponible en menos de dos semanas.

25. MURPHY — ¿VILLANO O PRETEXTO?

El precio es una ventaja competitiva bien entendida muy buscada. La compañía que tenga altos márgenes tendrá flexibilidad para poder dar precios selectivamente más bajos, o podrá utilizar sus márgenes altos para ganar ventajas competitivas en otras formas como incrementar su fuerza de ventas, publicidad o ingeniería de producto. Si nos podemos convertir en el productor de bajo costo, tendremos una ventaja clarísima. Desafortunadamente, con frecuencia existe una gran brecha entre los márgenes planeados y los márgenes reales.

La ley de Murphy (las cosas fallan en el peor de los momentos) es bien conocida en todas nuestras plantas. Independientemente de qué tan bien planeemos, aún cuando nos protejamos con grandes márgenes de seguridad, seguimos expeditando constantemente y desembolsando enormes cantidades de dinero para pagar horas extras y poder embarcar nuestros pedidos a tiempo. Este problema está tan difundido que, con frecuencia, nos referimos a él como "el síndrome de fin de mes". De alguna manera, con esfuerzos especiales, logramos embarcar más de la mitad de la producción de todo un mes en los últimos pocos días.

Cuando nos topamos con dificultades para embarcar a tiempo, ya sea a fin de mes o en la fecha de promesa de entrega de un pedido importante, invariablemente recurrimos a las horas extras, al pago de fletes con sobreprecio y a otras acciones caras que no habíamos planeado. El resultado es que, saquemos a tiempo los pedidos o no, definitivamente incurriremos en mayores gastos de operación y nuestros márgenes se empequeñecerán. ¿Será Murphy realmente quien está causando estas demoras y el incremento en nuestros gastos de operación, o será más bien el estilo de tener altos inventarios que utilizamos?

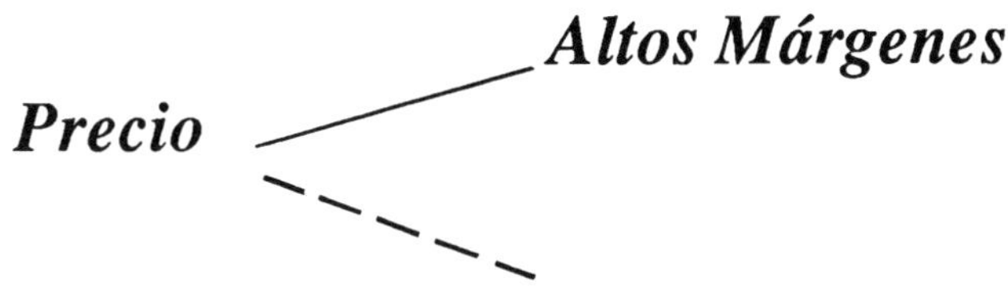

Planea y adopta medidas preventivas, de todos modos necesitarás horas extras para terminar el pedido a tiempo.

–Murphy

26. ALTOS INVENTARIOS - LA VERDADERA CAUSA DE LAS HORAS EXTRAS

No existe un indicador absoluto de un ambiente de alto o bajo inventario. Estos términos son relativos. Sólo podemos juzgar si tenemos un inventario alto o bajo viendo a nuestros competidores. Si tenemos un inventario alto con relación a nuestros competidores, vamos a tener tiempos totales de manufactura largos, puesto que el inventario de productos en proceso de fabricación y el tiempo total de manufactura son realmente la misma cosa. Si nuestros competidores tienen menores inventarios, nuestra gente de mercadotecnia tal vez se verá obligada a promover entregas en períodos más cortos que el tiempo total de manufactura que normalmente tenemos. Supongamos que mercadotecnia hubiera tenido que promover un pedido para entregar en tres meses, tiempo inferior al tiempo total de manufactura de cuatro meses de la compañía de altos inventarios. El departamento de producción se verá obligado a incurrir en muchas horas extras y posiblemente otros costos adicionales, para poder cumplir con esa fecha de entrega prometida.

En el ambiente de bajos inventarios, el tiempo total de producción es notablemente inferior a los tres meses que exige el mercado y no será necesario incurrir en horas extras aún cuando nos ataque Murphy. Generalmente no se reconoce que el inventario esté ocasionando las horas extras, pero puede ser la principal razón. En la industria de la defensa la importancia del inventario generalmente no se enfatiza, porque el Gobierno hace pagos escalonados. En consecuencia, los inventarios de productos en proceso de fabricación son muy grandes y los tiempos totales de producción son bastante largos. No obstante, las horas extras que se pagan son típicamente mayores que las que se pagan en cualquier otra industria.

El eslabón entre el inventario y los elementos de la ventaja competitiva parece ser más estrecho de lo que originalmente habíamos reconocido. Existe también el impacto de los inventarios sobre la inversión por unidad, pero ¿también aquí habrá más de lo que se ve a simple vista?

COMPARACION DE LOS SISTEMAS DE ALTO VS BAJO INVENTARIO: ALTOS MARGENES

ALTO INVENTARIO

BAJO INVENTARIO

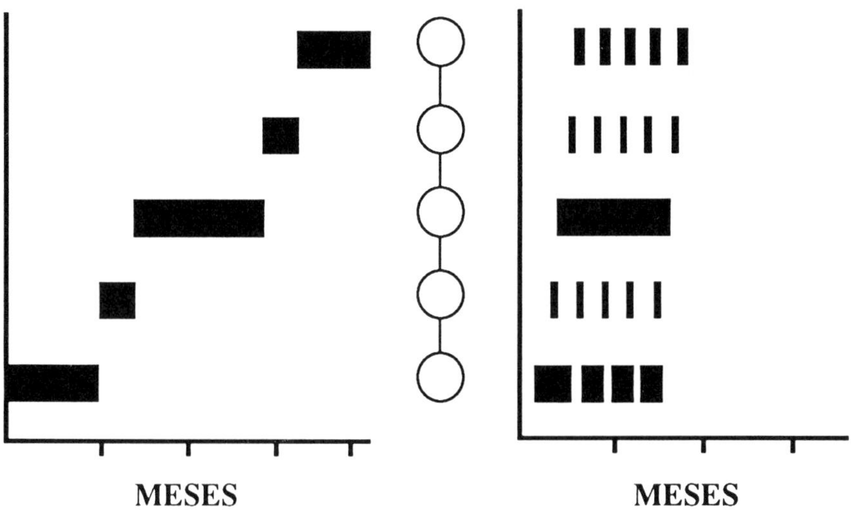

Mercadotecnia tuvo que promover la entrega del pedido en tres meses.

La planta se ve forzada a emplear una cantidad considerable de horas extras.

El tiempo de producción de la planta es inferior al plazo que mercadotecnia prometió. No se necesitará trabajar horas extras.

27. ¿ESTA PROVOCANDO EL SINDROME DE FIN DE MES UNA MAYOR INVERSION EN LA CAPACIDAD EXCESIVA?

Para la mayoría de las plantas, resolver el síndrome de fin de mes es un problema importante y continuo. Todos los meses, encontramos una oleada de producto en las operaciones finales que deben realizarse en la última semana del mes para poder cumplir con nuestras metas de embarque. Comenzamos con dosis liberales de horas extras pero encontramos que, con frecuencia, son insuficientes para manejar estos picos de carga. Después nos encontramos continuamente solicitando equipo adicional para estas últimas operaciones. Nunca parece haber suficiente capacidad de maquinaria en las operaciones finales cuando la necesitamos.

A pesar de la necesidad percibida por todos lados de capacidad adicional en las máquinas, los estudios realizados en docenas de plantas demuestran que, en casi todos los casos, la capacidad de la maquinaria existente en las últimas operaciones es varias veces superior a su carga promedio. De hecho, normalmente hay suficiente capacidad para manejar hasta las proyecciones más optimistas en el último año de un pronóstico de cinco años.

¿Qué ocasiona esta aparente contradicción? ¿será posible que el exceso sustancial de capacidad que ya existe en las operaciones finales y la presión continua por agregar más capacidad sea causada por el inventario?

Precio

Menor Inversión por Unidad

!No podemos terminar la cuota mensual porque hay un pico de sobrecarga en las operaciones finales... de nuevo!

!Hay que comprar más maquinaria!

– Uno de los lamentos más comunes de casi cualquier planta.

28. ALTO INVENTARIO SIGNIFICA MAS EQUIPO, ESPACIO E INVERSION

En el ambiente de alto inventario las últimas operaciones están al máximo de carga durante un período prolongado, y esta carga máxima ocurre en el peor de los momentos. Cuando el material finalmente llega a la última operación tenemos una gran carga máxima. Nos vemos obligados rápidamente a expeditar el material por estas operaciones debido al problema de fin de mes. Las horas extras ayudan pero no siempre son suficientes. Con frecuencia encontramos que no tenemos suficientes máquinas para procesar la carga máxima dentro del tiempo que tenemos disponible. Nos encontramos en una situación incómoda. Aunque estas máquinas con frecuencia están ociosas, nos vemos obligados a invertir en más maquinaria para poder cumplir con nuestras fechas de embarque mensuales.

En el ambiente de bajo inventario, la carga de las últimas operaciones está distribuida más uniformemente y el tiempo ocioso de las máquinas está distribuida también más uniformemente, incluso al final del mes. Por consecuencia, estamos en una mejor postura para manejar la expeditación, en caso necesario, sin tener que comprar equipo adicional. La capacidad extra que se requiere en un ambiente de alto inventario, junto con inventarios inherentemente más altos, incrementa la inversión requerida por unidad de producto. De hecho, nuestra inversión en inventarios e instalaciones productivas típicamente representa más de dos terceras partes de la inversión total en una empresa manufacturera. En el ambiente de bajo inventario, la inversión en equipo, instalaciones e inventario es mucho menor y, por consiguiente, el retorno sobre la inversión es bastante más elevado y, lo que es más importante, el punto de equilibrio es más bajo. Esto nos permite tener mucha más flexibilidad al fijar el precio de nuestros productos.

¿Se extienden estos impactos intangibles del inventario también a la ventaja competitiva de la responsabilidad? La impresión general es de que debemos incrementar, no reducir, los inventarios para poder mejorar nuestra responsabilidad. ¿Será cierto esto?

COMPARACION DE LOS SISTEMAS DE ALTO VS BAJO INVENTARIO: INVERSION POR UNIDAD

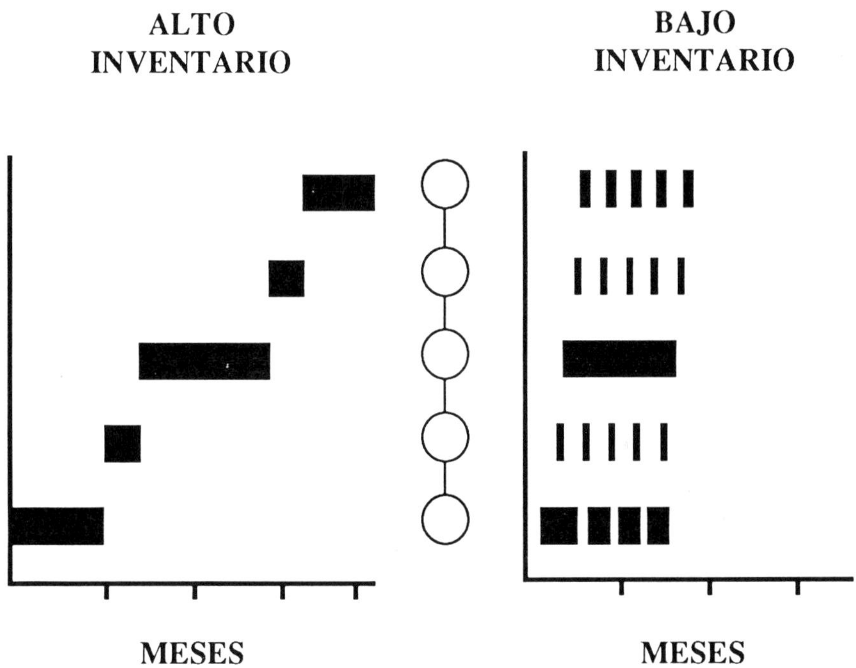

La última operación tiene una carga de trabajo marcadamente elevada por mucho tiempo. Las presiones de que se envíe el pedido pueden obligar a la planta a adquirir más maquinaria, la cual estará ociosa la mayor parte del tiempo.

La carga de trabajo es más uniforme en la última operación, no se requiere de una inversión adicional.

29. ¿ESTA FUERA DEL CONTROL DE UNA PLANTA EL MEJORAR SU CUMPLIMIENTO DE FECHAS DE ENTREGA?

Casi todas las plantas sienten la necesidad de mejorar su cumplimiento de fechas de entrega. También, con frecuencia se sienten impotentes para hacerlo, puesto que pueden no tener el control de los factores que las hacen incumplir sus fechas de entrega. Tal parece que las principales razones por las cuales se incumplen las fechas de entrega están fuera del control de las plantas. O los proveedores no son confiables, o los clientes están cambiando de opinión todo el tiempo al agregar y cancelar pedidos, y al cambiar fechas de vencimiento. Una de las quejas más comunes de los gerentes de planta es: “si tan sólo me dieran un pronóstico confiable yo podría embarcar las cosas a tiempo”.

Generalmente, es cierto que estas dos condiciones existen e impactan poderosamente en la habilidad de una planta para entregar a tiempo. ¿Significa esto, sin embargo, que la solución al problema está fuera del alcance de la planta? Quizá la solución real esté en algo que está completamente bajo el control de la planta —su nivel de inventario de productos en proceso de fabricación.

Desempeño puntual

Capacidad de Respuesta

¡No cumplimos las fechas de entrega porque nuestros proveedores no son confiables!

¡No cumplimos con las fechas de entrega porque nuestros clientes se la pasan cambiando de opinión continuamente!

–Los dos pretextos más comunes.

30. BAJO INVENTARIO — LA CLAVE PARA TENER PRONOSTICOS MAS PRECISOS

Para poder comprender el impacto del inventario de productos en proceso de fabricación sobre las fechas de entrega, debemos examinar algo que a primera vista parece no tener relación alguna: la validez de nuestro pronóstico de productos. Casi todas las plantas tienen un pronóstico de la demanda que es bastante confiable durante un período de tiempo hacia el futuro. Luego la validez del pronóstico se deteriora drásticamente en un período de tiempo muy breve. ¿Qué provoca este fenómeno universal?

Si todas las compañías de una industria están entregando un producto en dos meses, entonces los clientes no fincarán pedidos ni se van a comprometer con ciertas fechas de vencimiento específicas con un año de anticipación. Probablemente irán fincando sus pedidos más o menos dos meses y medio antes de que necesiten el producto. Aún cuando coloquen un pedido para todo un año, se sentirán con la libertad de cambiar la cantidad y la fecha de embarque con dos meses de anticipación, sin riesgo de poner en peligro las entregas o colocar a sus proveedores en una situación imposible. En consecuencia, el pronóstico de la planta para este producto será bastante confiable durante los primeros dos meses, y muy poco confiable a partir del tercer mes. Si operamos con altos inventarios en comparación con nuestros competidores, significará que nuestro tiempo total de producción será más largo que el horizonte para pronosticar válidamente la industria. Nuestros competidores de bajo inventario son quienes dictan la longitud válida del horizonte. Como resultado, los planes de producción de la compañía de alto inventario se basan en puras adivinanzas y no en un pronóstico confiable.

No es de extrañar, entonces, que el cumplimiento de fechas de entrega sea un problema donde tengamos inventarios altos. Cuando operamos con inventarios más bajos que nuestros competidores, disfrutaremos de una posición envidiable que nos dará un pronóstico inherentemente más preciso. Ahora, cuando nosotros iniciamos la producción, tenemos pedidos en firme o un pronóstico válido que será mucho menos proclive a cambiar. Nuestro cumplimiento de fechas de entrega se verá sumamente mejorado. Nuestros planes de producción son impulsados ahora por una información mucho más confiable y estaremos en una mejor postura para darle requerimientos confiables a nuestros proveedores. Recordemos que una de las principales razones por las cuales nuestros proveedores no nos pueden hacer entregas confiables es que nosotros cambiamos continuamente nuestros requerimientos, en la misma forma en que nuestros clientes nos cambian a nosotros los suyos.

¿Qué sucederá con el último elemento de tiempos cotizados más cortos? ¿Encontraremos de nuevo que el inventario desempeña un papel inesperado?

COMPARACION DE SISTEMAS DE ALTO <u>VS</u> BAJO INVENTARIO: DESEMPEÑO PUNTUAL

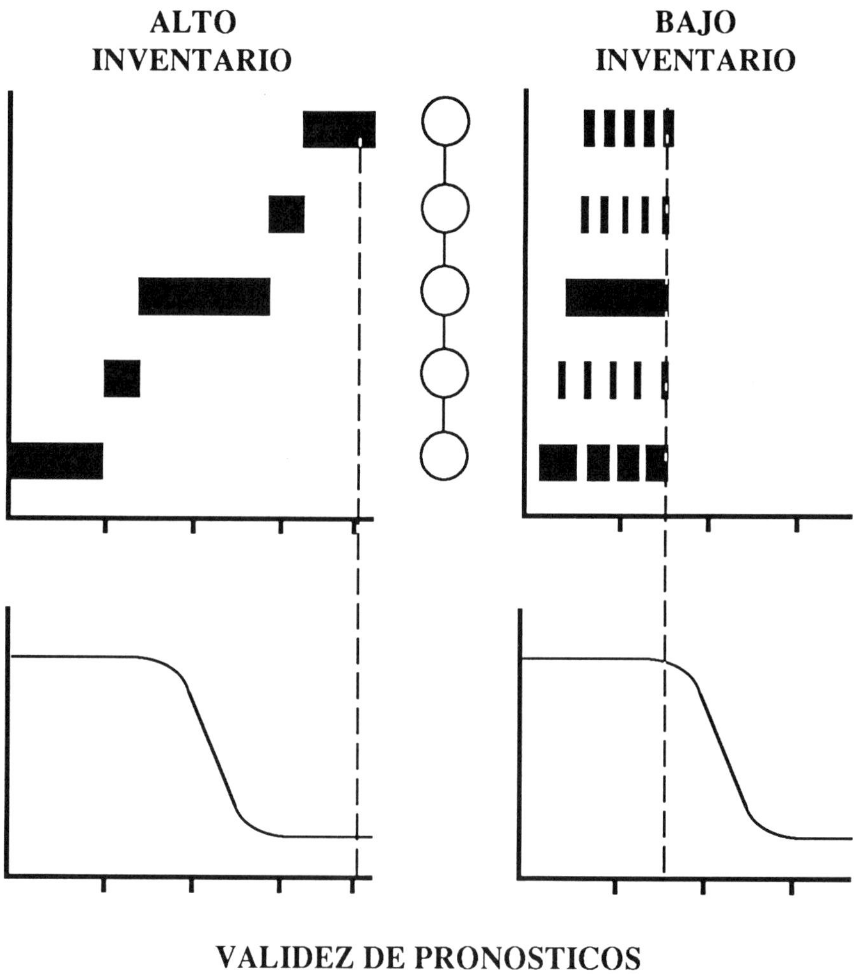

VALIDEZ DE PRONOSTICOS

Se comienza la producción con base en una suposición. Oscilamos entre un excedente de inventario de mercancía terminada y un incumplimiento de las fechas de entrega.

Se comienza la producción con base en un buen conocimiento, cumplimiento muy superior al 90%.

31. ¿SERAN LOS TIEMPOS DE ENTREGA CORTOS LA CLAVE DE LA SUPERVIVENCIA?

Los tiempos de entrega están empezando a desempeñar un papel cada vez más importante en la carrera por la ventaja competitiva. Un excelente ejemplo de esto es el movimiento de la industria automotriz hacia los proveedores de Justo-A-Tiempo. Si un proveedor no puede aprender a surtirle Justo-A-Tiempo sus insumos a las ensambladoras de automóviles, entonces no permanecerá como proveedor de ellas por mucho tiempo. Esta es una razón bastante poderosa para aprender a recortar los tiempos totales de producción.

También hemos visto el enorme poder de cotizar tiempos de entrega más breves en una gran cantidad de industrias diferentes. Caso tras caso, vemos compañías que han adquirido participaciones de mercado dramáticamente incrementadas cuando han tenido tiempos de entrega significativamente inferiores a los de su competencia. En algunos casos, ha sido posible, de hecho, lograr precios más altos cuando los tiempos de entrega cotizados son sustancialmente inferiores a los de los demás competidores. Esta es una enorme ventaja competitiva que muchas industrias occidentales podrían tener sobre los competidores extranjeros debido al tiempo que se requiere para los embarques por mar. En estas industrias no debería haber razón alguna por la cual nos ganara en nuestro propio mercado un competidor extranjero. Tal parece que los tiempos de entrega cotizados más cortos requerirían de mayor inventario, particularmente de productos en proceso, y de producto terminado. Mientras menos procesamiento reste para completar el producto, más rápida deberá ser nuestra respuesta. Pero, ¿será cierto esto?

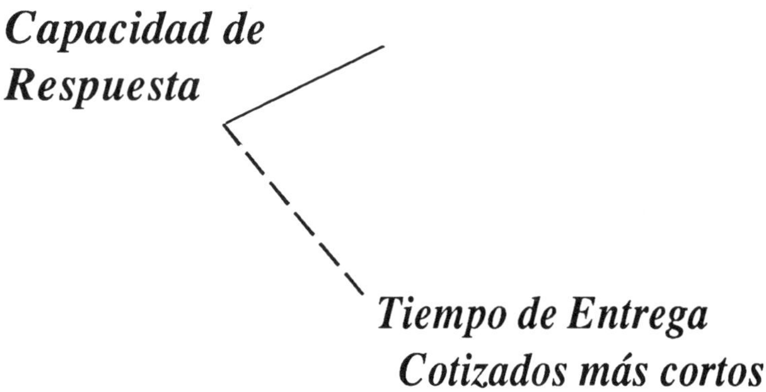

¡Mis clientes jamás se quejaron de los tiempos de entrega que cotizaba hasta que la competencia inició una guerra desleal!

–El gerente de una planta que cerró.

32. LOS NIVELES DE INVENTARIO Y LOS TIEMPOS TOTALES DE PRODUCCION SON LA MISMA COSA

Los tiempos totales de producción y los inventarios de productos en proceso son en realidad la misma cosa. Uno es la imagen reflejada de lo otro. Si reducimos nuestros inventarios de productos en proceso, los tiempos totales de producción se reducirán en la misma proporción. Lo que no se reconoce también es que el inventario de producto terminado *debería* ser proporcional al inventario de productos en proceso de fabricación.

Permítasenos demostrarlo con un ejemplo: Si una planta tiene una semana de inventario de productos en proceso, entonces en promedio su tiempo total de producción será de una semana. Supongamos que esta planta sirve a un mercado sumamente exigente, un mercado que requiere de entregas inmediatas. Puesto que la planta podría suministrarlo todo en una semana, deberían de tener de una semana a una semana y media de inventario de producto terminado para poder satisfacer la demanda de los clientes. Además será necesaria alguna protección adicional más allá de los tiempos totales de producción normales debido a la incertidumbre de la demanda.

Si otra planta tiene tres semanas de inventario de productos en proceso y está operando en las mismas condiciones de mercado, se verá forzada a llevar inventarios de casi cinco meses de producto terminado. Algunas compañías han demostrado que es posible cambiar un negocio de fabricar para tener existencias, a uno de fabricar sobre pedido, solamente con reducir suficientemente el tiempo total de producción.

Nosotros enfatizamos la palabra *debería* ser proporcional a los inventarios de productos en proceso de fabricación, y no decimos que lo sea, puesto que una reducción en el inventario de productos en proceso de fabricación no causa automáticamente una reducción en el inventario de producto terminado. La gerencia debe ajustar sus niveles de producto terminado conforme al nuevo nivel que tenga en sus inventarios de productos en proceso para lograr estos beneficios. Así, la responsabilidad a la demanda del mercado es directamente proporcional al inventario de productos en proceso de fabricación.

Puesto que los inventarios producen un impacto sobre los seis elementos de la ventaja competitiva, nos vemos obligados a concluir que el canal de los cargos por manejo de inventarios no es la única conexión indirecta entre el inventario y los indicadores de resultados. Debe de haber otro eslabón indirecto del inventario a nuestra meta.

COMPARACION DE LOS SISTEMAS DE ALTO VS BAJO INVENTARIO: PLAZOS DE ENTREGA

ALTO INVENTARIO | **BAJO INVENTARIO**

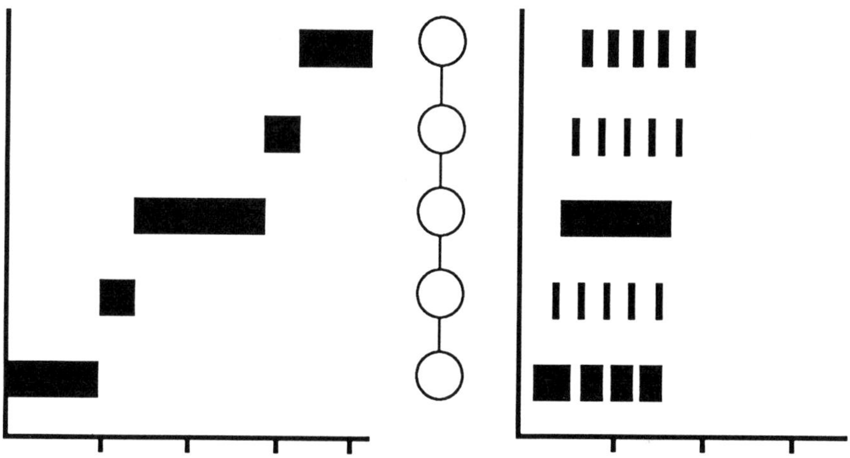

MESES | **MESES**

Tiempos estimados de entrega largos.

Los tiempos de entrega son mucho más cortos.

- **Los tiempos totales de producción son proporcionales a los inventarios de trabajo en proceso.**

- **Las existencias de producto terminado deben ser proporcionales a los tiempos totales de producción.**

33. LOS INVENTARIOS Y EL THROUGHPUT FUTURO

Nuestro análisis de los elementos de la ventaja competitiva ilustra cuan estrechamente se enlaza el inventario con las ventas (throughput). Ahora en nuestras mentes el inventario debe estar asociado con las ventas futuras, con nuestra habilidad para sobrevivir y pervivir en los mercados del mañana. Mientras más inventarios llevemos, menos prometedor será el futuro. Mientras menos inventarios llevemos actualmente, más asegurado estará nuestro porvenir. También hemos visto algunos impactos inesperados del inventario sobre los gastos de operación, como el hecho de que el inventario es una fuente importante de horas extras, costos de calidad, gastos de expeditación y exceso de capacidad.

Estos nuevos eslabones indirectos tienen un importante impacto sobre el throughput futuro y un impacto adicional inesperado sobre los gastos de operación. A esto le llamamos Canal de la Ventaja Competitiva. Ahora nos enfrentamos a una situación en la que los inventarios inciden en nuestra utilidad neta dos veces, y en el retorno sobre la inversión y nuestro flujo de efectivo tres veces. Todos nosotros conocemos la importancia del throughput. Estamos igualmente conscientes de la importancia del gasto de operación. Ya era hora de que reconociéramos la importancia del inventario, por lo menos al grado en que los japoneses intuitivamente han percibido su importancia.

IMPACTO DE LA VENTAJA COMPETITIVA: INDICADORES DE OPERACIONES Y RESULTADOS

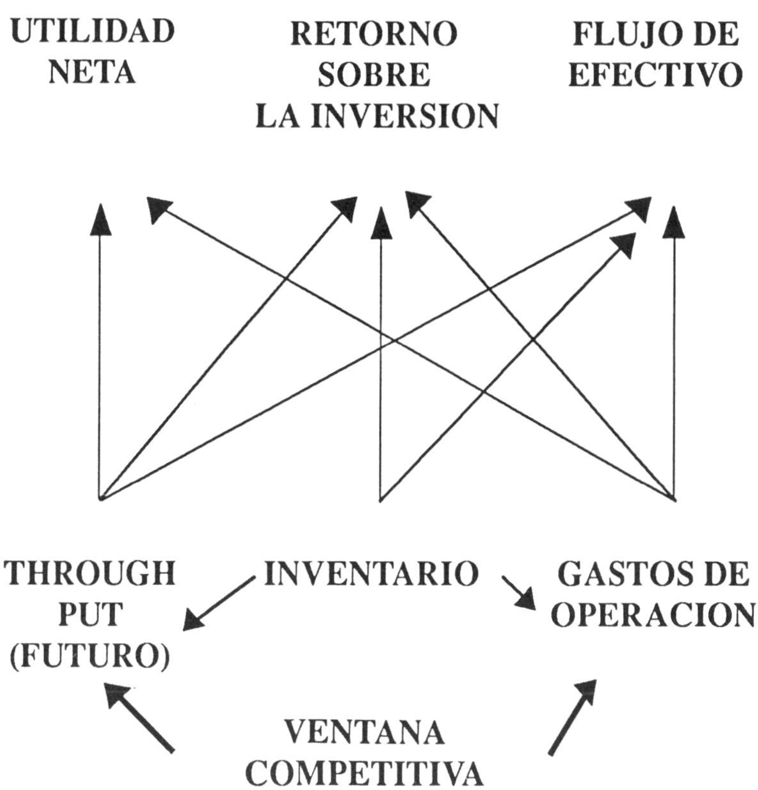

34. ¿POR QUE EL INVENTARIO ES UN CIUDADANO DE SEGUNDA?

Si existen tantos, tan obvios e importantes aspectos del inventario con respecto a nuestra ventaja competitiva, debe haber una razón muy poderosa y muy apremiante para que no todas las compañías estén operando con inventarios bajos actualmente. ¿Qué hace que tantas plantas se encuentren en el otro extremo del espectro del inventario? La respuesta está en nuestra visión de corto plazo sobre la importancia relativa de throughput-inventario-gasto de operación y en las técnicas que existen actualmente para manejar la logística del flujo de materiales.

Todo gerente de planta está dolorosamente consciente de la importancia a corto plazo del throughput y los gastos de operación. Con frecuencia teme que reducir inventarios afecte adversamente a estas cosas. Si un gerente de planta no cumple sus objetivos de fechas de embarque un par de meses seguidos, aún cuando la falla sea de apenas un 10%, la planta probablemente perderá dinero. El gerente de planta se puede encontrar en serias dificultades. Por consiguiente, es probable que mantenga muchos inventarios por si acaso se necesitan. Su otra preocupación es que si reduce demasiado el inventario, algunas de las operaciones pueden detenerse por falta de trabajo, lo cual ocasionaría que los gastos de operación se incrementaran. Nuestros indicadores de desempeño fijan nuestra atención en estos indicadores de corto plazo, mantienen a los inventarios altos y nos distraen de su importancia para el largo plazo.

Para complicar nuestra falta de atención al factor inventario, hay una carencia de sistemas de logística eficaces para bajar los inventarios sin correr el riesgo de perder el throughput o de incrementar los gastos de operación. Por consiguiente, tradicionalmente nos hemos asido del inventario como si fuera una cobija de seguridad para protegernos de las complejidades y las perturbaciones de nuestras plantas y lo vago de la demanda de los clientes.

La frenética carrera por una ventaja competitiva ha cambiado todo eso. Actualmente existe una búsqueda frenética a nivel mundial por encontrar un sistema de logística mejorado. Ha sido acuñada una nueva expresión que se ha puesto de moda: la manufactura sincronizada, para tratar de abarcar una mejor manera, que aún no ha sido definida, de manejar el flujo de los materiales.

La clave para reducir las existencias es
<u>la manufactura sincronizada</u>

...pero, ¿qué significa esta frase?

35. ¿QUE ES LA MANUFACTURA SINCRONIZADA?

La manufactura sincronizada es una forma sistemática que pretende mover los materiales rápida y suavemente por los diversos recursos de una planta en concierto con la demanda del mercado. Los japoneses han utilizado el ejemplo de un sistema ribereño para caracterizar el flujo suave y parejo que están tratando de lograr. El material debe de correr como arroyos hacia las corrientes y las corrientes hacia los ríos y así sucesivamente, sin represas ni perturbaciones que interrumpan ese flujo. Existe una serie de diferentes tipos de sistemas de logística para planear y programar las compras, la producción, y la distribución de materiales. ¿Cómo podemos averiguar si el ejemplo de los japoneses es cuerdo, y cuáles de los diversos métodos que tenemos a nuestra disposición es el mejor, y de qué forma es superior?

Intentemos abordar este problema utilizando una analogía. Necesitamos una analogía con la que todos nos podamos identificar y nos permita expresar nuestro dilema por reducir el inventario de productos en proceso sin dañar el throughput ni los gastos de operación. Una vez desarrollada una analogía así, trataremos de encontrar una solución dentro del marco de la analogía. Después de haber desarrollado una solución aceptable para la analogía, entonces transferiremos esa solución al ambiente de una planta y verificaremos su factibilidad para la reducción del inventario de productos en proceso sin que se dañe al throughput ni al gasto de operación. De esta manera, será más fácil examinar los diversos procedimientos de logística y compararlos de manera significativa.

La analogía que hemos escogido es la de una tropa de soldados que van a marcha forzada.

FORMA DE HALLAR UNA SOLUCION

Definir una Analogía en la que pueda expresarse fácilmente nuestro problema

↓

Hallar una solución dentro del entorno de la analogía

↓

Transferir la solución al medio ambiente de la planta

↓

Verificar la factibilidad de la solución.

36. PERMITIR QUE LA TROPA SE DISPERSE SIGNIFICARA ALTOS INVENTARIOS

A primera vista parece ser una analogía extraña, pero una tropa de soldados a marcha forzada es notablemente similar a una planta manufacturera. Podemos imaginar a la primera fila de soldados que marchan sobre el camino son la recepción de materia prima, (el camino virgen), en la planta. Este material es procesado en secuencia, (es decir pisado), por las filas subsiguientes de soldados (recursos de producción). La última fila libera (embarca) el producto terminado, es decir el camino sobre el cual toda la tropa ha pisado. Nuestra tropa utiliza los recursos de producción para recibir la materia prima, procesarla y producir un producto terminado —al igual que en una planta de verdad. En nuestra analogía el inventario de trabajo en proceso es simplemente la distancia entre la primera fila de soldados — aquellos que convierten la materia prima en inventario de trabajo de productos en proceso — y la última fila que es la que transforma los productos en proceso en productos terminados. Cuando la tropa inicia su marcha forzada, los soldados están muy juntos. Sin embargo, después de apenas unos cuantos kilómetros, empieza a hacerse evidente la dispersión y ésta continúa creciendo conforme prosigue la marcha forzada. Esta dispersión es un fenómeno natural, que no solamente se encuentra en nuestra analogía de la tropa, sino también en actividades tan diversas como la procesión de un funeral y una planta manufacturera. La dispersión es causada por la combinación de eventos dependientes (actividades que tienen que realizarse en secuencia) y las fluctuaciones estadísticas. La dispersión (acumulación de inventarios) que ocurre bajo estas condiciones se puede demostrar matemáticamente y se describe a fondo en LA META.

El problema de reducir el inventario de productos en proceso sin menoscabar el throughput puede establecerse en nuestra analogía como la reducción de la dispersión de la planta sin reducir su velocidad global. ¿Qué podemos hacer para evitar que se disperse la tropa sin bajar el ritmo de su avance global? Ese es el problema.

ANALOGIA CON UNA TROPA

SOLDADOS EN MARCHA

MATERIA PRIMA

MERCANCIA TERMINADA

TRABAJO EN PROCESO DE ELABORACION

El que se aparezcan huecos en la formación, significa que hay altos inventarios.
El que la formación sea compacta significa poco inventario.

¿Cómo podemos evitar que aparezcan huecos en la formación?

37. REACOMODANDO LOS SOLDADOS REDUCIMOS LA DISPERSION

Tomemos prestada una idea conocida de todo comandante experimentado. Si colocamos a los soldados más lentos en la primera fila, seguidos por los siguientes más lentos en la segunda fila, y así sucesivamente, hasta tener a los más fuertes, es decir los que son más capaces de cerrar los huecos, en la última fila, podremos reducir la dispersión. De esta manera, siempre que empiece la dispersión, los soldados más fuertes (recursos de producción) se posicionan para poder usar su fuerza (capacidad excedente) para correr y cerrar los huecos (reducir el inventario de productos en proceso).

El Throughput — velocidad a la cual la tropa se mueve como un todo — es dictado, en todo caso, por el soldado más lento, independientemente de dónde esté ubicado en la tropa. Reacomodar los soldados en esta secuencia reducirá la dispersión sin incidir sobre la velocidad del todo. Este enfoque le funciona al comandante de la tropa pero, ¿le servirá al gerente de planta?

ANALOGIA CON UNA TROPA

Coloque a los soldados más lentos al frente y a los más fuertes en la retaguardia.

38. BUENA IDEA — PERO DEMASIADO CARA

Transferir esta solución al ambiente de una planta significa reestructurar la planta de manera que los recursos más cargados (los soldados lentos), los que apenas si pueden con la carga, sean las máquinas que realicen las primeras operaciones. Cada operación subsiguiente sería realizada por el recurso que tuviera la siguiente menor capacidad excesiva. Si reestructurásemos nuestra planta de esa manera, las últimas operaciones tendrían la mayor cantidad de capacidad excesiva. Las ondas de inventario (soldados que se dispersan) que se acumulen en la planta, podrán ser absorbidas por el exceso de capacidad de las operaciones de más adelante (los soldados fuertes que pueden correr para cerrar los huecos).

Suena como una buena idea, pero primero estimemos el costo, esfuerzo, tiempo y caos que se produciría con la implementación de dicho plan. Los resultados son atemorizantes. Si miramos más allá, y consideramos que los cambios futuros a nuestra mezcla de producto podrían alterar las cargas de nuestros recursos de producción, lo que requeriría de otra reestructuración de la planta, nos convenceremos de que ésta no es una solución factible. Nuestra buena idea, ha resultado ser muy cara e inflexible, así que regresemos a nuestra analogía y busquemos una solución más factible. Una palabra de advertencia — esta solución parece ser la adecuada para cuando estamos diseñando una planta. No obstante, aún en ese caso, hay soluciones mucho mejores.

Así que estamos de nuevo en la mesa de dibujo, en nuestra búsqueda por una mejor solución a nuestro problema.

ANALOGIA CON UNA TROPA

En otras palabras, reestructure su fábrica de manera que las máquinas con mayor carga de trabajo (las principales restricciones de capacidad) estén en las primeras operaciones y disponga las máquinas, que tengan un gran excedente de capacidad más adelante en la línea.

Estime los costos... y busque una solución más factible.

39. TAMBORES Y SARGENTOS GRITONES

Existe otra forma en la que el comandante de una tropa evita que sus soldados se dispersen. Puede colocar un tambor en la fila del frente, para que marque el paso o la cadencia de la tropa. Cuando se empiezan a dispersar, el comandante hace que sus sargentos le griten a los rezagados para que marchen al unísono, y junto con el florido lenguaje de los sargentos, limita la dispersión.

El paso total de la tropa es dictado por el soldado más lento. Si el soldado más lento puede seguir el paso del batir del tambor, entonces se contendrá la dispersión de la tropa (acumulación de inventario de productos en proceso de fabricación) sin reducir la velocidad general. Nótese que el batir del tambor restringe a los soldados más fuertes y les impide avanzar a mayor velocidad, aunque tengan la capacidad para hacerlo. De nuevo, este enfoque funciona para el comandante de la tropa, pero ¿cómo usar tambor y sargentos gritones en nuestras plantas?

ANALOGIA CON UNA TROPA

Coloque un tambor al frente para que marque el paso.

Haga que los sargentos inciten constantemente a los soldados a cerrar los huecos.

40. OREJERAS EN LOS SOLDADOS

Usar un tambor y sargentos en la planta puede parecer extraño al principio, pero ¿no es esto en realidad una práctica común? El tambor es el gerente de control de materiales o de producción auxiliado por un sistema computarizado. Los sargentos son los expeditadores. El tambor desarrolla planes y programas de cuando debe abastecerse el material y procesarse por los diversos recursos de producción para poder cumplir los requerimientos del cliente. El ritmo del tambor es el programa de producción que dicta cuándo y qué material debe ser procesado por cada recurso de producción. Los expeditadores son necesarios porque los pedidos continuamente se demoran (inventario de productos en proceso de fabricación no planeado - dispersión) y los empujamos para que cumplan con las fechas promesa de entrega— para que cierren los huecos. Los expeditadores son, por supuesto, no sólo las personas que tienen este cargo, sino con frecuencia, toda la gerencia.

Tal parece que usamos esta solución en nuestras plantas en la misma forma en que se usa en la analogía, pero ¿será cierto? ¿Qué pensaríamos de un comandante que le pusiera orejeras a sus soldados para que no pudieran oír el tambor y luego le dijera a cada soldado que marchara a velocidad máxima? Los soldados fuertes de las primeras filas se verían forzados a caminar tan rápidamente como fuera posible, y harían que se diera una dispersión entre ellos y los soldados más débiles que les siguen. ¿Qué pensaríamos de este comandante?

Parece ser una locura, pero esto es exactamente lo que hacemos en nuestras plantas. ¿Por qué habríamos de hacer una cosa tan contradictoria? La respuesta está en las actitudes que están profundamente arraigadas en nuestra cultura. ¿Qué planta no tiene el siguiente lema?

ANALOGIA CON UNA TROPA

Esa es una práctica común en la actualidad:

El sargento es el expeditador y el tambor es el sistema de administración de materiales apoyado por una computadora.

Pero, ¿podrán los soldados seguir el paso que marca el tambor?

41. "HAY QUE MANTENER A LOS TRABAJADORES OCUPADOS"

"Si un trabajador no tiene nada qué hacer, encontrémosle algo que hacer."

Parecería que la totalidad de nuestra ética laboral se basa en esta premisa. En nuestras plantas este lema normalmente se traduce a darle al obrero más materiales qué trabajar, para que pueda producir más productos. ¿No es eso lo mismo que ponerle orejeras a los soldados y hacer que cada uno marche tan rápido como pueda aunque incremente el inventario de productos en proceso y no incremente el throughput? ¿No es cierto que en nuestras plantas el uso de los indicadores de eficiencia, los incentivos por pieza trabajada, y los indicadores de varianza, hacen las veces de orejeras colocadas en nuestros trabajadores? Examinemos esta idea más profundamente.

ANALOGIA CON UNA TROPA

"Si un trabajador no tiene qué hacer encontrémosle algo que hacer"

Mientras exista esta mentalidad, cada soldado procederá de acuerdo a su potencial y no de acuerdo a las limitaciones de la tropa.

¿Permiten las eficiencias, incentivos y varianzas a los soldados seguir el paso que el tambor les marca?

42. ¿SERAN MALOS LOS ALTOS INDICADORES DE EFICIENCIA CUANDO SE USAN EN TODOS LADOS?

Supongamos que el trabajador "X" es el soldado más lento, y que este soldado no se encuentra en la primera fila. Esto significa que otro soldado más fuerte alimenta de materiales a "X". Transferir este concepto a nuestra planta significa que el cuello de botella (X) no es la primera operación, sino que es alimentada por algún otro recurso que no es cuello de botella (Y) que tiene más capacidad que el cuello de botella. Nuestro soldado fuerte, el recurso que no es cuello de botella, puede producir más partes que el soldado más lento, el cuello de botella, en el mismo período.

Pongámonos en el lugar del supervisor encargado de estos recursos que no son cuellos de botella. Si se nos está midiendo en base a "eficiencias", ¿qué le vamos a decir a nuestros trabajadores que hagan? ¡Trabajen todo el tiempo para que nuestras eficiencias sean muy altas! ¿Qué va a pasar con estas partes en el cuello de botella? ¿No es cierto que se acumularán frente a él? Lo cual ciertamente sería una jugada mala desde el punto de vista de la planta como un todo. Al tratar de ser eficientes creamos más inventario (dispersión) sin ganar throughput adicional. Pero no debemos preocuparnos, la acumulación de los inventarios innecesarios no se va a dar en nuestro departamento, sino en algún otro departamento, corriente arriba, en el proceso de producción. Se nos juzgará muy bien por haber hecho un buen trabajo — lograr una alta eficiencia con los operadores.

Por otro lado, si tratamos de hacer lo que conviene a la planta entera restringiremos a nuestros trabajadores para que produzcan a la velocidad del cuello de botella que se encuentra "corriente abajo". ¿Qué creen que le sucederá a nuestra eficiencia? ¿Realmente creemos que podremos obtener una alta calificación contra nuestros indicadores? ¿Cómo creemos que la dirección juzgará nuestro desempeño si nuestro departamento tiene bajas eficiencias? ¿Qué decidiríamos si fuéramos supervisores?

Lo mismo le sucede a un supervisor encargado de los recursos que no son cuello de botella y que alimentan partes a una operación de ensamble que también depende de partes escasas. También observaremos la misma condición cuando el supervisor produzca una pieza para la cual la demanda del mercado sea inferior a su capacidad para producirla. En los tres casos, hay una acumulación de inventarios en alguna otra parte de la planta — es decir se están esparciendo las tropas. Aunque el desempeño del supervisor se ve bien, está incrementando el inventario global de la planta, pero no su throughput. Eso no era exactamente lo que queríamos obtener. ¿Será posible que nuestra ética laboral haga que nuestros supervisores y sus trabajadores hagan lo que no deben?

Tal vez sea necesario que consideremos algunos cambios culturales para que los trabajadores estén incentivados a seguir el ritmo del tambor — es decir alguna manera de quitarles las orejeras. Pero aún cuando permitiéramos a los trabajadores seguir al tambor... ¿estamos tocando el tambor de tal manera que realmente lo puedan seguir?

LAS CAUSAS DEL EXCESO DE INVENTARIO

X– El soldado más lento-un recurso que apenas se da abasto con la demanda.

Y– Un soldado rápido-un recurso con un excedente de capacidad.

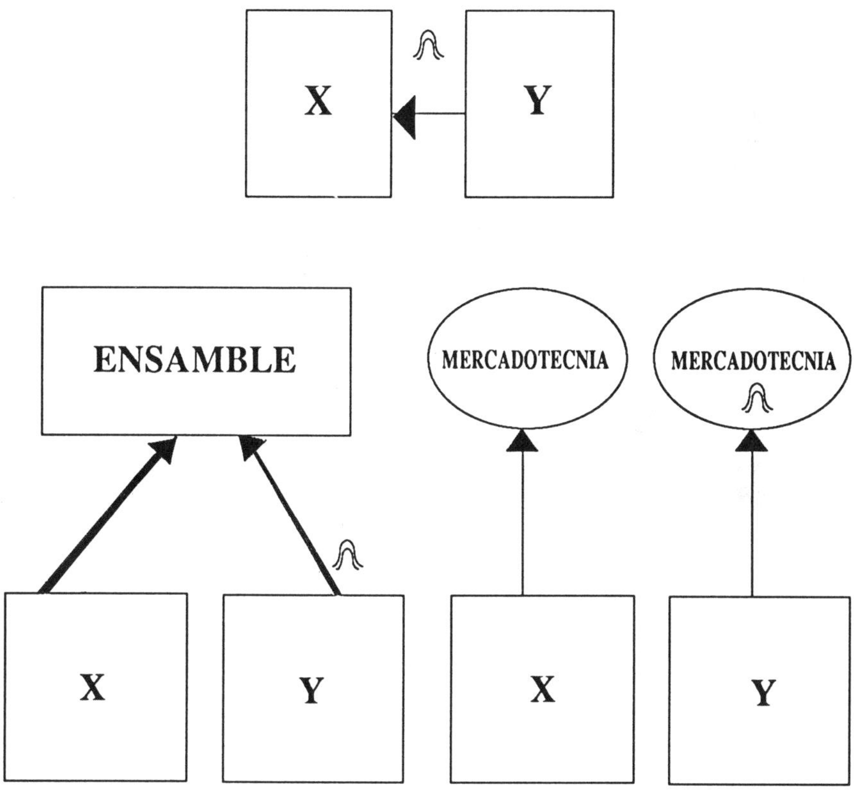

43. ¿PUEDEN MARCHAR SUS TRABAJADORES AL RITMO DE SU TAMBOR?

En su planta, ¿bate el tambor de acuerdo con las restricciones de la planta o más bien toca en base a algunos supuestos no realistas? Por ejemplo, utiliza Ud. un procedimiento de logística que supone que cada recurso tiene capacidad infinita — es decir que cada soldado puede marchar tan rápido como uno quiera? ¿Ni siquiera existe un solo soldado que sea más lento? Si así es, entonces, aunque los soldados lo intenten con todo denuedo, no siempre podrán seguir el ritmo del tambor. ¿Asume el ritmo de su tambor que existen tiempos de producción predeterminados para la fabricación de los productos? Aún cuando el tiempo promedio de producción sea de tres meses, cuando se hace necesario, todos sabemos que podemos expeditar la terminación de cualquier pedido en sólo unos cuantos días asignándole una alta prioridad en cada operación.

¿Cuál es el tiempo de producción correcto que debemos de utilizar al batir el tambor, tres meses o tres días? Quizá el tiempo que se pasa el producto en fluir por la planta dependa de como decidamos programar la producción. Si un pedido sigue su curso normal se tarda tres meses. Si le damos una prioridad alta en todas partes, entonces podrá completarse en una fracción de ese tiempo. Tal parece que nos vemos obligados a concluir que los tiempos de fabricación no pueden predeterminarse con precisión, sino que están en función de cómo decidamos programar la planta.

¿Asume el ritmo de su tambor que la producción se va a manejar en lotes constantes de tamaño fijo, aunque estemos muy conscientes de que la separación y el traslape de los lotes ocurre todo el tiempo en nuestra fábrica, especialmente para embarcar los productos a fin del mes? Si su sistema de logística utiliza supuestos no realistas como estos, entonces su tamborilero no tiene ritmo. Está batiendo el tambor con sonidos discordantes que nadie puede seguir.

El enfoque del tambor y el sargento al principio pareció ser una solución muy buena. Cuando examinamos más de cerca cómo se ha implementado, nos vemos forzados a admitir que es punto menos que satisfactorio. Por lo tanto, busquemos otra solución, aunque al principio parezca un poco radical.

EN LA PLANTA DE UD...

¿El tambor redobla de acuerdo a las limitaciones de la planta misma o de acuerdo a ciertas suposiciones irreales...

Como éstas:

- Capacidad infinita
- Tiempos de entrega preestablecidos
- Lotes constantes de tamaño fijo

44. AMARRAR A LOS SOLDADOS CON UNA CUERDA COMO SI FUERAN MONTAÑISTAS

Amarremos la fila de soldados como si fueran montañistas. De esta manera podremos limitar su dispersión (inventario) a la longitud de las cuerdas. Esta idea extraña está de hecho siendo utilizada en muchas plantas con gran éxito. Fue intentada por primera vez, por Henry Ford cuando desarrolló la línea de ensamble. Más recientemente, Taichi Ohno, de la Toyota, padre del Justo-A-Tiempo, la empleó cuando desarrolló su sistema de programación "Kanban" que tanto éxito ha tenido.

Ford eslabonó los recursos de producción uniéndolos mediante bandas transportadoras, es decir cuerdas físicas. Ohno utilizó tarjetas o lo que pudiéramos llamar "cuerdas de logística". Ambos sistemas de cuerdas han demostrado lograr un éxito enorme y han tenido implicaciones económicas de muy largo alcance. El sistema de Ford funcionó bien para los productos de alto volumen fabricados con equipo dedicado. La instalación de las líneas de ensamble de Ford dio inicio a una nueva era de producción masiva, produciendo, como resultado, un incremento enorme en nuestro nivel de vida. El sistema de Kanban de Ohno amplió la idea de Ford y la trasplantó a los productos fabricados en forma repetitiva que se producían en equipo no dedicado. Su instalación condujo al resurgimiento de Japón como importante potencia económica. Vemos claramente los resultados del enfoque de Ohno: un incremento sustancial en el nivel de vida del Japón y la pérdida de nuestro sitio dominante en muchas industrias.

¿Podemos encontrar el secreto de las cuerdas? ¿Nos permitirá ganar la carrera?

ANALOGIA CON UNA TROPA

El invento de Henry Ford:
-LA LINEA DE ENSAMBLE-

El invento del Dr. Ohno de la empresa Toyota:
-EL SISTEMA KANBAN-

45. LOS AMORTIGUADORES PREDETERMINADOS LO HACEN FUNCIONAR

La clave de los sistemas de Ford y de Ohno no está en las bandas transportadoras ni en las tarjetas Kanban, sino en el hecho de que bandas y tarjetas son mecanismos que establecen un amortiguador de inventario predeterminado (longitud de la cuerda) entre cada uno de dos centros de trabajo.

En la línea de ensamble de Ford el amortiguador predeterminado es el espacio en la banda transportadora, que existe entre dos operaciones. En el enfoque de Ohno es el número de tarjetas Kanban, una para cada recipiente de partes, que se predetermina que se utilizará entre dos operaciones. El amortiguador le dice al trabajador del centro de trabajo precedente dos cosas: cuándo trabajar y cuándo **no** trabajar. Cuando se llena el amortiguador, el trabajador precedente deja de trabajar. Cuando el amortiguador no está lleno, trabaja. En estos dos enfoques semejantes, el flujo de trabajo está sincronizado de manera que el inventario sea bastante bajo en comparación con nuestros modos convencionales de operar.

Existe, sin embargo, una desventaja importante en este tipo de sistema de cuerdas. Cualquier perturbación significativa en el centro de trabajo causará que el flujo en general se detenga y se pierda throughput. Estas perturbaciones son sumamente caras puesto que, de no haber ocurrido, se hubieran podido producir artículos adicionales, exclusivamente por el costo de la materia prima, esencialmente. Esta es la razón por la cual hay que poner atención particular, en estos sistemas de cuerdas, a la reducción de las fluctuaciones y las perturbaciones en el flujo de materiales. Las máquinas deben de ser muchísimo más confiables. Los tiempos de preparación deben de reducirse y hacerse predecibles. Las sobrecargas de producción deben evitarse, y así sucesivamente. Lograr la eliminación de estos problemas no es una tarea trivial. Requiere del mismo largo proceso que ya conocemos y en el que nos embarcamos cuando estamos corrigiendo las fallas de una línea de ensamble de proceso o de transferencia.

La reducción de las fluctuaciones bajo el sistema Kanban no es menos importante, y será necesario un período muy largo, quizá de más de diez años, para reducir las fluctuaciones de tal modo que el sistema Kanban pueda instalarse con seguridad. Ahora, comparemos nuestro sistema convencional con este sistema de cuerdas.

MANUFACTURA SINCRONIZADA: LINEAS DE ENSAMBLE Y KANBANS

Los amortiguadores de inventario predeterminados (limitados ya sea por el espacio, o por el número de tarjetas), regulan el ritmo de la producción en las líneas de ensamble y en los sistemas Kanban, la indicación que se da al trabajador es:

"¡Deje de trabajar cuando se llene el amortiguador!"

El trabajo está sincronizado, los inventarios son bajos... pero cualquier perturbación significativa causará que el sistema entero se detenga.

46. EL METODO OCCIDENTAL: POR-SI-ACASO (JUST-IN-CASE)

El método convencional occidental puede caracterizarse como un sistema de Por-Si-Acaso (Just-in-Case) el exceso de capacidad de la primera operación lleva el tambor que dicta cuándo va a liberarse la materia prima hacia la planta. Recordemos que cuando un trabajador no tiene nada que hacer, le buscamos más materiales para que tenga que hacer.

El resultado de esto es un inventario muy superior al que se tendría en un sistema de cuerdas, pero con la ventaja de que aparentemente se protege al throughput. Desafortunadamente, protegemos nuestro throughput actual a costa de sacrificar nuestra ventaja competitiva en el mercado, es decir, nuestro throughput futuro. Sin embargo, lo cierto es precisamente lo contrario, bajo el sistema de cuerdas Justo-A-Tiempo.

UN SISTEMA "JUST-IN-CASE" ("POR-SI-ACASO")

Materia Prima ○○○○○○○ Productos Terminados

Es el exceso de capacidad de las operaciones iniciales el que lleva el tambor.

RESULTADO:

- **Los inventarios son altos.**
- **Se protege el throughput actual.**
- **El troughput futuro está en peligro.**

47. JUSTO-A-TIEMPO O POR-SI-ACASO ¿LAS CUERDAS O EL HACHA?

En el sistema Justo-A-Tiempo la demanda del mercado es lo que marca el ritmo del tambor. La liberación de materia prima hacia la planta es resultado de una reacción en cadena que se inicia cuando la operación final le suministra materiales al mercado. Cuando se le embarcan productos a un cliente, la operación final sustituye a estos bienes retirando y procesando una cantidad equivalente de material del amortiguador que se encuentra entre ella y la operación precedente. El uso de este material le envía una señal a la operación precedente de que reabastezca el material que acaba de ser sustraído del amortiguador. Esta reacción en cadena, (o este tirar de cuerdas), a la larga causa que una cantidad equivalente de materia prima se libere hacia la planta.

Esta reacción en cadena se logra a través de algún dispositivo de señalamiento o una tarjeta de aviso (Kanban). El Kanban es, con frecuencia una tarjeta que se coloca en un recipiente estandarizado al cual le cabe un número específico de partes. Cuando el recipiente es tomado por la siguiente operación para ser procesado, la tarjeta o el Kanban se regresa a la operación precedente. Este Kanban es una señal para la operación precedente de que produzca otro recipiente de partes para reemplazar las del recipiente que acaba de utilizarse.

En este enfoque, lo que limita a los inventarios es la longitud de las cuerdas — es decir los amortiguadores predeterminados de inventario — y es mucho más bajo que en el enfoque de Por-Si-Acaso.

Se puede perder el throughput actual si ocurre una perturbación significativa, pero a la larga, tener un inventario más bajo asegura el throughput futuro, ya que incrementa la ventaja competitiva.

¿Qué debemos de hacer? ¿Copiar a los japoneses y adoptar el enfoque de Justo-A-Tiempo? Desafortunadamente, no podemos darnos el lujo de pasar por un largo y arduo período como el que implica la instalación de un sistema de cuerdas de este tipo. Si no hacemos nada, nuestra competencia nos cortará la cabeza. ¿Qué escogemos? ¿Las cuerdas o el hacha para la decapitación? A lo mejor existe otra alternativa. Regresemos a nuestra analogía.

UN SISTEMA "JUST-IN-TIME" (JUSTO-A-TIEMPO)

Materia Prima

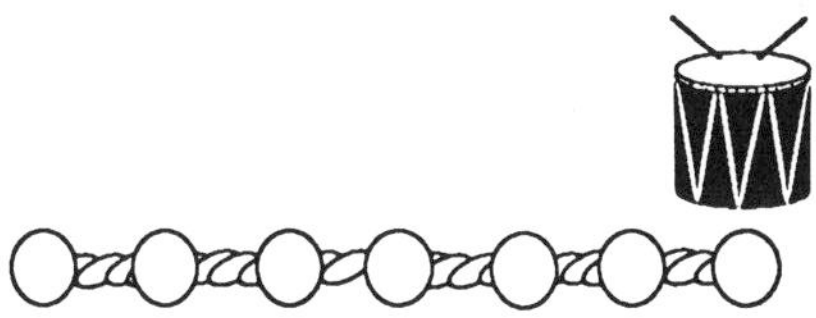

Productos Terminados

La demanda del mercado es la que lleva el tambor

RESULTADO:

- **Los inventarios son bajos.**
- **El throughput actual está en peligro.**
- **Se incrementa el throughput futuro.**

48. UN NUEVO SISTEMA — DBR

Puesto que el soldado más débil es el que marca el paso, si permitimos al primer soldado marchar más rápidamente que el soldado más débil, ocasionaremos que la tropa se disperse. ¿Por qué no amarramos una cuerda directamente del soldado más débil al primer soldado de la fila? Este es un enfoque diferente a la sincronización de nuestra tropa (planta manufacturera), así que necesitaremos ponerle nombre. Lo llamaremos método DBR*. Exploremos el método DBR para entender sus ramificaciones. Los soldados que siguen al soldado más débil podrán marchar mucho más rápidamente que él y, en consecuencia, siempre estarán pisándole los talones (aquí no hay dispersión). La primera fila de soldados también podría marchar mucho más rápidamente que el soldado más débil, pero está restringida por la cuerda para que marche a la misma velocidad que el soldado más débil. Los soldados entre la primera fila y el soldado más débil son más rápidos que el más débil y, por lo tanto, estarán pisándole los talones a los de la primera fila. La única brecha o dispersión se dará justo frente al soldado más débil. El tamaño de esta brecha será determinada previamente por la longitud de la cuerda que hayamos seleccionado.

Examinemos las ventajas de esta solución. Supongamos que uno de los soldados que está siguiendo al soldado más débil deja caer su rifle. En los sistemas de cuerdas de Ford y Ohno, toda la tropa tendría que detenerse pronto. Bajo el sistema DBR el avance del soldado más débil no se ve afectado en lo absoluto. Se acumula cierta dispersión (inventario) debido a esta perturbación, pero como los soldados que siguen al soldado más débil son más rápidos (es decir que tienen excapacidad adicional), lo alcanzan dentro de muy poco tiempo. Esta dispersión será solamente temporal y no habrá una disminución del avance de la tropa entera (throughput). Vemos que el impacto de la perturbación bajo el método DBR es muy diferente al impacto de la perturbación en el enfoque Justo-A-Tiempo. Parece que el método DBR tiene algunas ventajas, pero examinémoslo más detenidamente. Si un soldado que precede al soldado más débil deja caer su rifle, con tal de que lo levante antes de que el soldado más débil haya cerrado la brecha, de nuevo no habrá ningún impacto sobre el ritmo de movimiento de la tropa. La brecha (inventario) que queda frente al soldado más débil y funciona como un amortiguador contra las perturbaciones de los soldados precedentes (recursos de producción). Al concentrar el inventario solamente frente al soldado más débil y hacer que el primer soldado camine a la velocidad del soldado más débil, estamos en realidad ganando lo mejor de dos mundos. El inventario es todavía más bajo que bajo el sistema Justo-A-Tiempo y el throughput se protege todavía más, que en el sistema Por-Si-Acaso (Just-in-Case).

Quizá hayamos encontrado una forma mucho mejor para sincronizar la manufactura. Parece que podemos proteger nuestro throughput actual, mejorar el throughput futuro, no poner en peligro los gastos de operación (es decir, que no necesitaremos contratar más soldados) y de todos modos podremos reducir los inventarios significativamente.

Suena bien, pero veamos si el método DBR realmente se aplica a todos los tipos de plantas. Comencemos por examinar una representación esquemática de una planta sencilla utilizando este enfoque.

** Nota del Traductor: DBR por las siglas en inglés de "Drum-Buffer-Rope" que significa Tambor-Amortiguador-Cuerda. Podríamos españolizar las siglas y cambiarlas a <<TAC>>, pero siguiendo la tónica de toda esta obra y en aras de la universalidad, preferimos conservarlas en inglés como término técnico, ya que así se usan en el ambiente de las empresas que están usando esta técnica.*

ANALOGIA CON UNA TROPA

Ya que el soldado más débil es quien determina el paso.

- **Para evitar que aparezcan huecos en la formación, atamos al soldado más débil con el primero.**

- **Para proteger el paso general, deje un poco de holgura en la cuerda.**

49. TAMBORES, AMORTIGUADORES Y CUERDAS

En todas las plantas hay solamente unos cuantos recursos con restricción de capacidad (CCR) — soldados débiles. El método DBR reconoce que dicha restricción dictará la velocidad de producción de toda la planta. Así que tratemos al principal recurso con restricción de capacidad como si fuera el tambor. Su velocidad de producción funge como el ritmo del tambor para toda la planta. También necesitamos establecer un amortiguador de inventario frente a cada CCR. Este amortiguador contendrá solamente el inventario necesario para mantener ocupado al CCR durante el siguiente intervalo de tiempo predeterminado (de aquí en adelante nos referiremos a ese amortiguador como "amortiguador de tiempo"). En consecuencia, este amortiguador de tiempo protegerá al throughput de la planta contra cualquier perturbación que pueda superar dentro del intervalo predeterminado de tiempo.

Para poder asegurar que el inventario no crezca más allá del nivel dictado por el amortiguador de tiempo, debemos limitar la velocidad a la cual se liberan materiales hacia la planta. Debe amarrarse una cuerda desde el CCR a la primera operación. En otras palabras, la velocidad a la cual la operación de entrada podrá liberar materiales hacia producción será gobernada por la velocidad a la cual esté produciendo el CCR. Este concepto parece correcto, así que inventemos un procedimiento para implementar el enfoque logístico de DBR (sistema de tambor-amortiguador-cuerda) en una planta. Un buen sistema de logística debe de tener medios (planes y programas) para controlar el flujo de materiales hacia, por, y desde nuestras plantas sin importar lo complicado que sea. Tal es el procedimiento que necesitaremos desarrollar.

MANUFACTURA SINCRONIZADA METODO "DRUM-BUFFER-ROPE" (TAMBOR-AMORTIGUADOR-CUERDA)

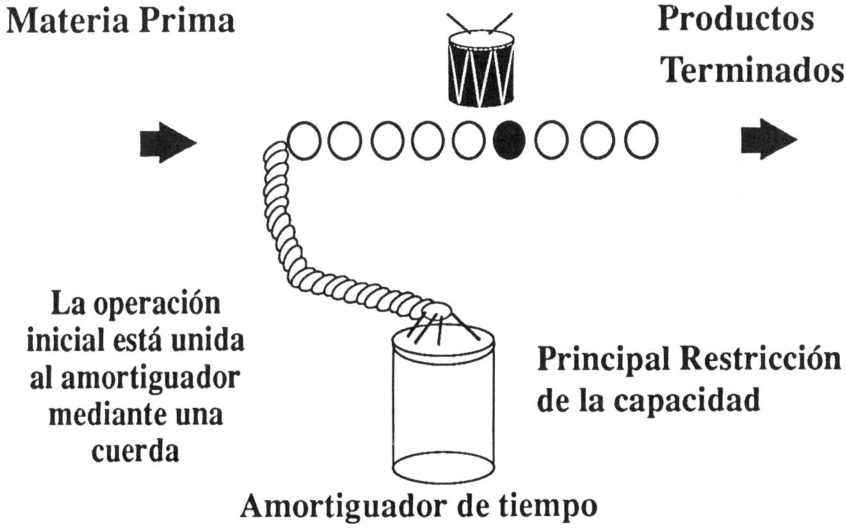

50. DISEÑO DE UN SISTEMA DE TAMBOR-AMORTIGUADOR-CUERDA

Vamos a comenzar a examinar cómo pasa una parte a través de diversas operaciones cuando sólo una de ellas es CCR. Esta parte eventualmente será ensamblada con otras partes y formará un producto final que deberá embarcarse a diferentes clientes.

Puesto que las dos principales restricciones de la planta son la demanda del mercado (cantidad de producto que podamos vender) y la capacidad del CCR, tendrá sentido que basemos nuestro programa (flujo de logística) en esas dos restricciones. Así, el primer paso será determinar el programa del CCR tomando en cuenta únicamente su capacidad limitada y la demanda del mercado que esté tratando de satisfacer. Una vez que el programa de la CCR quede establecido, necesitaremos determinar cómo programar todos los demás recursos que no tienen restricción. Utilizando el programa del CCR, el programa de las operaciones subsiguientes podrá derivarse fácilmente. Una vez que una parte se termina en un CCR podrá programarse para comenzar su siguiente operación. Cada operación subsiguiente, incluyendo la de ensamble, simplemente se inicia cuando termina la operación anterior. De esta manera podemos generar programas para todas las operaciones siguientes, incluyendo la de ensamble.

El reto ahora está en programar las operaciones precedentes y en proteger al CCR de las perturbaciones que puedan ocurrir en los recursos precedentes. Como dijimos anteriormente, quisiéramos limitar el amortiguador a un intervalo de tiempo específico. Supongamos que la mayoría de las perturbaciones en las operaciones precedentes pudieran superarse en un término de dos días. De ser así, una protección de tres días en nuestro amortiguador de tiempo parecerá suficiente. Ahora, simplemente tenemos que programar remontándonos hacia atrás en el tiempo partiendo del CCR. Planearemos para la operación inmediatamente precedente al CCR, de manera que termine las partes necesarias tres días antes de que estén programadas para ser trabajadas en el CCR. Cada una de las otras operaciones precedentes se programará en retrospectiva de manera semejante para que todas las partes estén disponibles Justo-A-Tiempo para la siguiente operación.

De esta manera, podemos generar un programa y un amortiguador de tiempo que satisfaga todos los requerimientos estipulados en el enfoque esquemático. Cualquier perturbación de las operaciones precedentes que pueda superarse dentro del amortiguador de tiempo, no afectará el throughput de la planta. Así, se ve bien, el throughput queda protegido, se reducen los inventarios y los gastos de operación no se incrementan. ¿Ahora cómo programamos las otras partes que van a alimentar a la misma operación de ensamble?.

MANUFACTURA SINCRONIZADA
METODO DRUM-BUFFER-ROPE

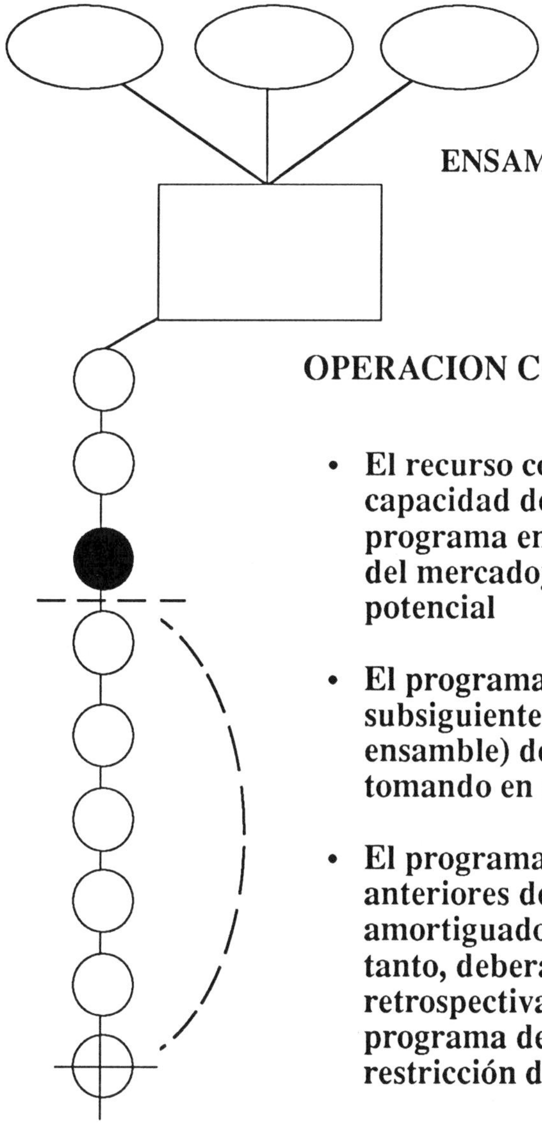

OPERACION CON UN C.C.R.*

- **El recurso con restricción de capacidad debe determinar el programa en base a la demanda del mercadoy a su propio potencial**
- **El programa de las operaciones subsiguientes (incluyendo el ensamble) debe derivarse tomando en cuenta lo anterior.**
- **El programa de las operaciones anteriores debe apoyar al amortiguador de tiempo y, por lo tanto, deberá derivarse retrospectivamente en base al programa del recurso con restricción de capacidad.**

Nota del Traductor: C.C.R. por las siglas en inglés de "Capacity Constraint Resource" - "Recurso con Restricción de Capacidad".

51. COMO ASEGURAR EL CUMPLIMIENTO DE LAS FECHAS PROMESA DE ENTREGA

El procedimiento establecido hasta ahora protege al throughput de la planta, pero cumplir con las fechas de promesa de entrega al cliente también es importante y también debe protegerse. Con el método DBR el programa de ensamble se determina según la disponibilidad de las escasas partes que van saliendo del CCR. La disponibilidad de estas partes escasas controla cuándo podremos ensamblar y embarcar los productos. Por consiguiente, debemos de intentar evitar el faltante de cualquier otra parte para que no perturbe nuestro programa de ensamble.

Para poder asegurar que las otras partes estén disponibles cuando se necesiten, de nuevo construyamos un amortiguador de tiempo, esta vez enfrente de la operación de ensamble que requiera una parte del CCR. El propósito de este amortiguador de tiempo será proteger el programa de ensamble contra las perturbaciones que puedan ocurrir en abastecimientos y manufactura y las partes que no pasan a través de un CCR.

Siguiendo este enfoque, el programa de estas partes deberá derivarse remontando hacia atrás en el tiempo comenzando del amortiguador de tiempo que está enfrente a la operación de ensamble. Supongamos de nuevo que hemos establecido un amortiguador de tres días frente a esta operación de ensamble en particular. Las partes que salgan de la operación inmediatamente anterior a ensamble deben de programarse para ser terminadas tres días antes de que se necesiten en la operación de ensamble. Utilizando este enfoque de programación hacia atrás podemos establecer cuando deban iniciar y terminar cada una de las otras operaciones precedentes, y cuando deba recibirse la materia prima en nuestras plantas. Ahora cualquier perturbación que ocurra en cualquiera de las instalaciones de nuestros proveedores o centros de trabajo que alimenten las otras partes a la operación de ensamble, no afectará nuestro cumplimiento de fechas de entrega de la planta si estas perturbaciones pueden superarse dentro del intervalo del amortiguador de tiempo establecido. Notemos que los amortiguadores de tiempo no se requieren antes de cada operación de ensamble. Se requieren únicamente antes de las operaciones de ensamble que sean alimentadas tanto por partes que provengan de CCR's como partes que provengan de recursos que no tengan capacidad limitada y también precisamente enfrente del CCR mismo. De esta manera, cada parte de su viaje desde la materia prima hasta producto terminado no cruzará más que un solo amortiguador.

Tal parece, entonces, que el enfoque de la logística DBR se aplica tanto a las plantas de flujo como a las plantas más complicadas que producen ensambles. Un diagrama que ilustra el sistema de tambor-amortiguador-cuerda para una planta que fabrica diferentes productos ensamblados aparecerá como una especie de diagrama en espaguetti gigante.

MANUFACTURA SINCRONIZADA METODO DRUM-BUFFER-ROPE (TAMBOR-AMORTIGUADOR-CUERDA)

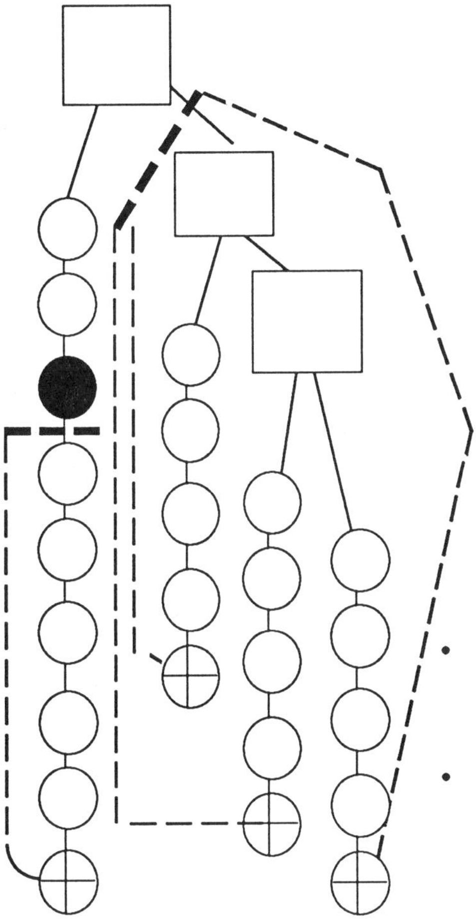

- Todos los demás programas de operación deben apoyar al programa de ensamble.
- Para evitar daños debidos a las perturbaciones, las demás operaciones deben apoyar a un amortiguador de tiempo delante de cualquier ensamble que use partes provenientes de un recurso con restricción de capacidad.
- Los inventarios son bajos y, sin embargo, cualquier perturbación que pueda ser superada dentro del tiempo del amortiguador no afectará al throughput de la planta.

52. APLICACION UNIVERSAL

En cualquier planta, sin importar que tan grande o compleja sea, solamente existe un número limitado de CCR's. Todo CCR podrá ser protegido mediante un amortiguador de tiempo y también lo podrán ser los ensambles alimentados por los CCR's. Se pueden atar cuerdas partiendo de cada amortiguador a las operaciones de entrada y a los puntos de divergencia. Tal parece que no existen límites a la aplicación del sistema de tambor-amortiguador-cuerda.

El concepto del sistema de logística DBR es bastante claro, pero la complejidad de este diagrama ilustra por qué necesitaremos la ayuda de un sistema computarizado. Aunque los cálculos son bastante directos, realizarlos manualmente en la mayoría de las plantas consume muchísimo tiempo y requiere de una paciencia celestial.

Al implementar un procedimiento así, la primera pregunta que surge en nuestra mente es ¿cómo poder identificar rápidamente cuáles de los recursos de producción son CCR's?

MANUFACTURA SINCRONIZADA:
METODO DRUM-BUFFER-ROPE
(TAMBOR-AMORTIGUADOR-CUERDA)

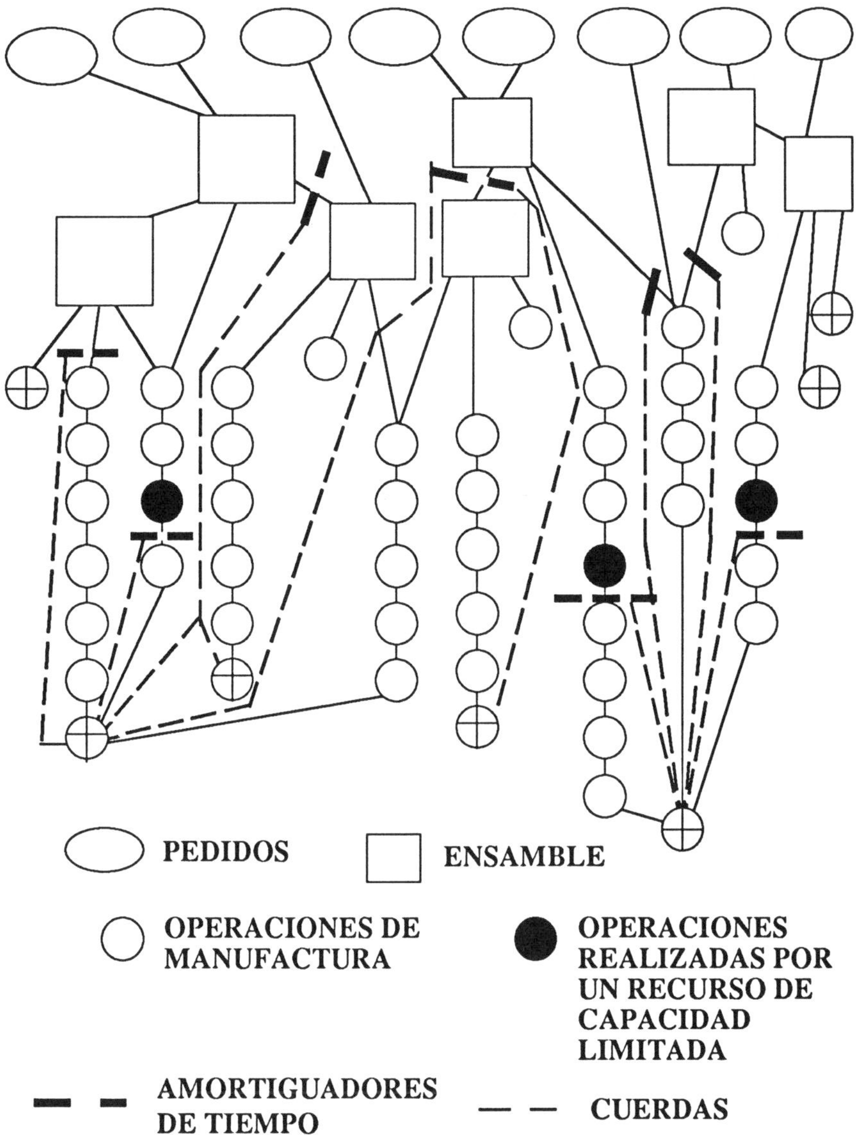

EN CUALQUIER PLANTA HAY MUY POCOS RECURSOS DE CAPACIDAD RESTRINGIDA (CCR)

53. COMO LOCALIZAR LAS RESTRICCIONES

A primera vista, localizar los CCR parece ser una tarea formidable y posiblemente interminable. Es cierto que en algunas plantas existe una buena comprensión de cuáles operaciones son CCR's. En otros tipos de plantas, nos referimos a los CCR's como cuellos de botella flotantes que vagan por toda la planta. En otros tipos de planta todavía, las ubicaciones no están del todo claras y tal parece que se necesitaría una enorme cantidad de tiempo e investigación para localizarlas.

Aunque nuestra tarea inicialmente parece ser una tarea descomunal, existe una solución. La clave está en reconocer que una restricción de la planta entera (por ejemplo, un CCR) debe manifestarse en todos los aspectos del negocio. Ampliando sobre esta visión, podemos diseñar un enfoque directo que nos permita utilizar una cantidad sorprendentemente pequeña de tiempo para localizar la restricción directamente, partiendo de los diversos impactos que tiene.

Aunque este método, está bien definido, ha sido comprobado completamente, y lo enseñamos a otras personas rutinariamente; queda fuera del alcance de este libro. Así que asumamos por ahora que este método existe y que ya lo hemos aplicado para determinar la localización de los CCR's. Una vez que los CCR's han sido identificados, la pregunta es cómo programarlos exactamente de acuerdo con su capacidad limitada y la demanda de los mercados que necesitan satisfacer.

MANUFACTURA SINCRONIZADA
LOCALIZACION DE LAS RESTRICCIONES

El primer paso para la sincronización de la manufactura es la identificación de las restricciones.

La restricción de capacidad se manifiesta en todos los aspectos importantes del negocio.

Puede utilizarse un análisis de los aspectos importantes del negocio para identificar los recursos con restricción de capacidad.

54. COMO MARCAR EL RITMO DEL TAMBOR

Una CCR limita el throughput de la planta y controla su cumplimiento de fechas de entrega. Tenemos que asegurar, por una parte, que el CCR no sea programado para producir más de su capacidad. Por otro lado, no debemos desperdiciar nada de su capacidad permitiendo que haya holguras en su programa. Finalmente, tenemos que arreglar la secuencia de producción en el CCR de manera que produzca como resultado un buen cumplimiento de fechas de entrega.

Podemos lograr estas metas empleando el método que utilizan casi todos los supervisores. Primero, programamos simplemente hacia el futuro partiendo del presente. Decidimos qué producto programar primero, cuántos se necesitan y cuánto tiempo nos tardaremos en producirlo. Luego repetimos el procedimiento. Cuando la capacidad disponible del primer día se acabe, empezamos a programar el segundo día, y así sucesivamente. El otro problema que nos queda es cómo escoger la secuencia en la cual se van a trabajar o procesar los diversos productos en el CCR. Una primera secuencia burda nos la puede marcar las fechas de entrega requeridas por el cliente para los diferentes productos. Probablemente querríamos trabajar primero en un producto que el cliente necesite dentro de dos días, antes de trabajar un producto que necesite para la semana siguiente.

La secuencia de producción en cualquier CCR, en base a las fechas de entrega al cliente es un enfoque sano, pero existen cuatro casos que podrían ocasionar que modificáramos estas decisiones en cuanto a secuencia.

MANUFACTURA SINCRONIZADA
EL REDOBLE DEL TAMBOR

Asegure un throughput máximo mediante una programación adelantada de los recursos con restricción de capacidad.

Las fechas de entrega nos dan en forma burda la primera secuencia, pero ésta debe modificarse ante cualquiera de estas cuatro condiciones...

55. LAS CUATRO CONDICIONES QUE COMPLICAN LA PROGRAMACION

El primer caso se da cuando el tiempo de procesado de la operación del CCR hasta la terminación del producto es muy diferente para los diferentes productos. Podríamos tener un producto A que, después de haber sido trabajado por el CCR, requiera sólo un día adicional de trabajo antes de poder ser embarcado. El producto B puede necesitar una semana entera en las operaciones que siguen al CCR antes de poder embarcarse. Cuando existen estas circunstancias puede tener sentido modificar la secuencia de fechas de entrega al cliente del CCR en el CCR mismo para que podamos trabajar en producto B cuyo embarque vence la semana que entra, antes de trabajar en el producto A aunque éste tenga una fecha de embarque para esta semana.

Una segunda condición, que puede ocasionar que nos desviemos de la secuencia de fechas de entrega al cliente, surge siempre que un CCR alimenta a otro CCR. En este caso, si obedecemos la secuencia de fechas de entrega al mercado en el primer CCR, podríamos hacer que el segundo CCR se quedara sin material para trabajar. No tenemos que perder tiempo en todos los CCR para poder perder throughput para la planta entera. Con perder tiempo en uno solo de los CCR's basta. Recordemos el valor de este tiempo perdido. Si no lo hubiéramos perdido, hubiéramos podido embarcar más productos que, esencialmente, nos hubieran salido al costo de materia prima.

Una tercera situación común, se presenta cuando los procesos de un CCR incluyen, además, tiempos de preparación. Es decir, tiempo y esfuerzo requerido para que el recurso cambie de la producción de un producto al otro. En tales casos, algunas veces preferimos hacer una sola corrida de producción que satisfaga la demanda del mercado de un producto en particular durante varios días, ahorrándonos así varias operaciones de preparación, en lugar de seguir la secuencia exacta de fechas de entrega al cliente. De esta manera podemos utilizar más de la limitada capacidad del CCR para producción, y menos de esta capacidad escasa para preparaciones.

Existe una cuarta situación común menos reconocida pero no por ello menos importante. Sucede siempre que un CCR produce más de una parte para el mismo producto. En este caso, la fecha de entrega al cliente no nos guiará en lo absoluto para elegir la secuencia, puesto que todas las partes tienen la misma fecha de entrega. Sin embargo, el desempeño resultante de la planta puede verse influenciado grandemente por la secuencia que elijamos.

La tarea de escoger una buena secuencia en cada uno de estos cuatro casos es más complicada que simplemente establecer la secuencia en base a las fechas de entrega al cliente. Sin embargo, se pueden establecer buenas reglas, incorporándolas a un sistema computarizado. No obstante, debemos de enfatizar que la verdadera importancia esta más en la aplicación general del método de tambor-amortiguador-cuerda, que en la forma precisa en que se bate el tambor.

Los detalles técnicos de la construcción de un sistema así pueden ser, y han sido, vencidos. Las verdaderas dificultades que pueden evitar que una compañía capitalice rápida y completamente el enfoque de tambor-amortiguador-cuerda no radican en los detalles técnicos, sino en el hecho de que el método de tambor-amortiguador-cuerda entra en conflicto directamente con algunos patrones de comportamiento profundamente arraigados.

MANUFACTURA SINCRONIZADA
EL REDOBLE DEL TAMBOR

Condiciones que causan complejidad:

- **Incongruencia entre tiempos de entrega de los recursos con restricción de capacidad y las fechas de promesa de entrega.**

- **Cuando un recurso con restricción de capacidad alimenta a otra.**

- **La preparación de los recursos con restricción de capacidad.**

- **Cuando un recurso con restricción de capacidad aporta más de una parte al mismo producto.**

56. LOS AMORTIGUADORES DE DBR CHOCAN CON NUESTRA CULTURA

Hemos estado de acuerdo en que parece lógico concentrar toda la protección de inventarios justo antes de las operaciones cruciales, y no utilizar inventario para proteger todos los sitios donde pudiera darse una perturbación. Aunque esto parece lógico, es contrario al comportamiento de casi todos los supervisores. Los supervisores están acostumbrados a protegerse (amortiguarse) a sí mismos con plataformas enteras de inventarios para poder responder a cualquier demanda urgente de las operaciones subsiguientes, lo cual ellos saben de sobra que va a suceder en el peor de los momentos posibles.

Tiene que educarse muy persuasivamente al supervisor antes de que abandone esta mentalidad que ha tenido desde hace mucho tiempo. Recordemos que estamos pidiéndoles que abandonen su protección invisible, lo que ellos controlan, a cambio de una promesa de que en alguna parte, quizá ni siquiera en su departamento, se están llevando inventarios para proteger a la planta entera. Nosotros no estamos aquí hablando de un cambio en la cultura personal del supervisor, sino en la cultura controlada por como la gerencia mide el desempeño del supervisor. Nuestro concepto de amortiguadores solamente en las operaciones críticas, choca no sólo con la cultura del supervisor, sino que choca todavía más con la cultura de la alta gerencia. Acabamos de ponernos de acuerdo en el sentido de que el inventario de las partes correctas, en las cantidades correctas, en el momento correcto, enfrente de las operaciones correctas, nos proporciona una muy buena protección. Hemos descrito un procedimiento para implementar este concepto. También hemos estado de acuerdo en que, debido a la carrera frenética por una ventaja competitiva, el inventario de productos en proceso de fabricación en cualquier otra parte de la planta será destructivo.

Estas dos ideas, aunque lógicamente son abrumadoras, van muy en contra del pensamiento gerencial actual con respecto a los inventarios. Los gerentes necesitan volver a analizar y volver a evaluar las razones por las cuales llevan existencias de inventario. Las razones percibidas pueden no concordar con las ramificaciones financieras del análisis de ventajas competitivas que describimos en las páginas anteriores. Se necesita hacer un verdadero examen de conciencia para superar las prácticas aceptadas ya durante muchas generaciones.

El concepto de amortiguadores se lanza contra el rostro de una cultura que está arraigada, pero sus implicaciones palidecen a la luz del impacto del concepto de "cuerda".

MANUFACTURA SINCRONIZADA
UBICACION DE LOS AMORTIGUADORES DE TIEMPO

- **Concentre la protección no en el origen de un trastorno, sino antes de las operaciones críticas.**

- **Un inventario de las partes adecuadas, en las cantidades adecuadas, en los momentos adecuados y frente a las operaciones correctas, nos brinda una gran protección.**

- **Los inventarios en cualquier otro sitio resultan destructivos.**

57. LAS CUERDAS DE DBR EXIGEN CAMBIAR EL COMPORTAMIENTO GERENCIAL

Podemos fácilmente aceptar la lógica que nos exige liberar y procesar materiales conforme al programa determinado por las restricciones de la planta (es decir, el concepto de la cuerda). Una vez que lo hagamos, tendremos que arrostrar el hecho de que esta conclusión significa que bajo ninguna circunstancia deberemos liberar materiales hacia la planta simplemente para dar a los trabajadores qué hacer. Probablemente, éste sea el patrón de comportamiento más difícil de superar.

Los japoneses llevan una ventaja, tomaron la delantera en la carrera por la competitividad, porque ellos experimentaron este choque cultural hace una década. Imaginemos una máquina cara operada por un trabajador al que se le paga un salario elevado, con algunas partes muy caras, a medio procesar amontonadas frente a ella. Estas partes se van a necesitar para ensamblar pedidos de los clientes en sólo cuatro horas. Sin embargo, el trabajador no está operando la máquina. Está detenido y ocioso.

¿Cuál sería nuestra respuesta ante una situación así? Después de habernos recuperado del síncope cardíaco, probablemente abordaríamos al trabajador y a su supervisor con toda severidad. La respuesta japonesa en las plantas que tienen Justo-A-Tiempo, sin embargo, es bastante diferente. Bajo un sistema Kanban (sistema de programación Justo-A-Tiempo), mientras el trabajador no tenga una tarjeta Kanban, esto es precisamente lo que debe de hacer: No producir partes. Esta diferencia en comportamiento no se debe a una diferencia en la cultura de los países o los trabajadores, sino a una cultura gerencial drásticamente diferente.

Los japoneses han reconocido y demostrado los enormes beneficios que se derivan de tal cambio cultural en la gerencia. Ahora nosotros debemos también efectuar el mismo cambio de comportamiento o, de plano, retirarnos de la carrera. Es tarea de la gerencia crear el cambio cultural necesario para la aceptación de estos conceptos. Mediante un sistema de software computacional, se pueden preparar, con relativa facilidad, los procedimientos para crear los programas de apoyo necesarios y simular (ver qué pasaría ante diferentes circunstancias) el flujo de materiales y el uso de los recursos.

Los conceptos de tambor-amortiguador-cuerda son bastante directos y pueden ser comprendidos fácilmente y pueden aprovecharse, hasta cierto punto, aún sin el uso de un sistema de *software*. La necesidad de auxiliarse con *software* se incrementa conforme aumentan la cantidad de datos, los cambios (por ejemplo, las variaciones en los pronósticos), y las posibles situaciones con las que haya que lidiar. Puede hacerse necesario, conforme se incremente el número de CCR's y conforme vayan manifestándose más las cuatro condiciones que complican la programación. Probablemente será esencial si una compañía desea establecer un proceso de mejoramiento continuo focalizado.

MANUFACTURA SINCRONIZADA
LAS CUERDAS

- **Suministre material y procéselo de acuerdo al programa que las restricciones de la planta determinen.**

- **No suministre material con el fin de darles quehacer a los trabajadores.**

58. DBR Y UN PROCESO CONTINUO DE MEJORAMIENTO FOCALIZADO

La instalación de un sistema DBR (Tambor-Amortiguador-Cuerda) puede hacer que una compañía se reincorpore a la carrera por la ventaja competitiva. De hecho, los resultados de dicha instalación y el tiempo relativamente corto requerido para lograr beneficios sobresalientes son verdaderamente impresionantes. Sin embargo, un sistema DBR no logrará que una empresa permanezca en la carrera o vaya en la delantera por mucho tiempo.

No debemos buscar sólo una mejora en nuestro desempeño, independientemente de qué tan significativa sea. Debemos encontrar alguna manera de establecer un proceso continuo, interminable de mejoramiento. Sabemos que necesitamos mejorar nuestras plantas. Desafortunadamente, hay un número casi ilimitado de mejoras posibles. Sabemos también que no podemos hacerlo todo al mismo tiempo. Así que ¿por dónde comenzamos? ¿Qué mejoras específicas serán las que nos acerquen más a nuestra meta? Sería incluso mejor que tuviéramos algún procedimiento que pudiéramos utilizar en forma rutinaria para determinar cuáles mejoras son las más importantes en un momento dado. Este proceso de mejoramiento continuo focalizado existe.

Hemos visto la importancia de las restricciones de capacidad con respecto al throughput y los inventarios, y por qué debemos amortiguarlas contra las muchas perturbaciones cotidianas que se presentan en una planta. Una cuidadosa observación de estos amortiguadores nos puede revelar muchísimo con respecto a las inevitables fluctuaciones de nuestra planta y su mercado. Comprender como administrar correctamente los amortiguadores de inventario nos servirá para mejorar nuestra postura competitiva inmediata (puesto que la mayoría de nuestro inventario se encuentra ahora en los amortiguadores) y además, para localizar con toda precisión las mejoras más necesarias y aumentar nuestra competitividad aún más.

Aunque este proceso de mejoramiento continuo se puede usar para enfocar y sincronizar *casi todos* los esfuerzos gerenciales en una empresa manufacturera, ilustraremos aquí sólo un ejemplo de cómo puede usarse para focalizar las mejoras a los procesos.

Las siguientes ilustraciones demuestran cómo administrar los amortiguadores y utilizarlos como una especie de bola de cristal para localizar y cuantificar la importancia de las perturbaciones de una planta. La corrección de dichas perturbaciones que hayan sido puestas de relieve, el uso continuo del método DBR para sincronizar el flujo y la administración de los amortiguadores nos permitirán establecer un proceso de mejoramiento continuo y focalizado — un volante de productividad.

Para poder entender mejor cómo, demos una mirada más detallada a un amortiguador de tiempo.

MANUFACTURA SINCRONIZADA
METODO DRUM-BUFFER-ROPE
(TAMBOR-AMORTIGUADOR-CUERDA)

A la mitad de una carrera en pos de la ventaja competitiva, no debemos buscar una mejora, debemos buscar la implementación de un proceso de

mejora continua.

59. PARA ENTENDER LOS AMORTIGUADORES DE TIEMPO

Supongamos que se ha establecido el programa de toda la semana para un CCR. Este programa exige que se procesen diferentes partes en diversas cantidades en el transcurso de los días de la semana. Lo mismo puede aparecer más de una vez en esta lista de despacho, puesto que la secuencia se fija en base a las fechas de entrega del cliente y se modifica siempre que se presenta una de las cuatro condiciones que complican la programación.

Si seguimos con el ejemplo de escoger un amortiguador de tiempo de tres días, el lunes por la mañana esperaremos ver frente al CCR todas las partes que el CCR deba trabajar el lunes, martes y miércoles de acuerdo con el programa. No queremos ver frente al CCR ninguna otra parte. Acumular más partes ahí, no aumentará nuestra protección en forma significativa y sí reducirá nuestra ventaja competitiva en el mercado.

Hemos decidido dibujar al amortiguador de tiempo como un rectángulo. El eje vertical representa el número de horas del CCR que una parte en particular requiere. El eje horizontal mide cuándo (por ejemplo, qué día) están programadas estas partes para que las trabaje el CCR.

En cualquier momento, tendremos un amortiguador de tiempo fijo determinado con anterioridad pero, como veremos más adelante, el contenido de ese amortiguador de tiempo estará cambiando constantemente.

MANUFACTURA SINCRONIZADA
LOS AMORTIGUADORES DE TIEMPO

Un programa de CCR

Día	Parte	Cantidad	Horas
Lunes	A	25	5
	B	5	3
Martes	B	5	3
	C	5	5
Miércoles	C	2	2
	D	2	6
Jueves	D	1	3
	A	25	5
Viernes	C	2	2
	B	10	6

Elección de un amortiguador de tres días.
El contenido del amortiguador planeado la mañana del lunes.

Horas de Trabajo Disponibles para el CCR

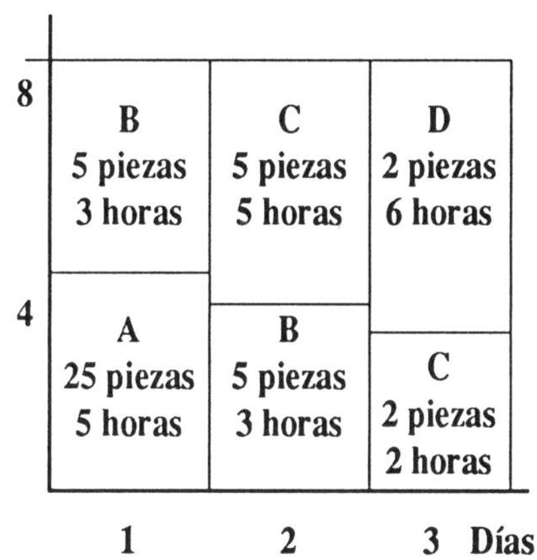

Ninguna otra parte debe estar frente a la restricción.

60. EL CONTENIDO DEL AMORTIGUADOR CAMBIA CONSTANTEMENTE

El contenido de nuestro amortiguador el martes por la mañana deberá ser diferente. Ahora esperamos encontrar sólo las partes que el programa del CCR requiera para el martes, miércoles y jueves. Las partes programadas para el lunes ya deben haber terminado de trabajarse y las partes programadas para trabajarse en el CCR el viernes, no deben haber llegado aún. Este concepto de inventarios revolventes en el amortiguador es totalmente diferente de la comprensión usual de las existencias de seguridad como un nivel constante de inventario para cada parte.

Hemos decidido representar al contenido del amortiguador en la forma de un rectángulo, porque al presentarlo así podemos ver la cantidad de partes que se necesitan, la secuencia en la que se van a consumir y el número de horas de trabajo del CCR que están protegiendo. Este enfoque nos permite analizar el contenido real y planeado del amortiguador para determinar las acciones que mejorarán tanto nuestra ventaja competitiva inmediata como la de más largo plazo.

MANUFACTURA SINCRONIZADA
LOS AMORTIGUADORES DE TIEMPO

Un programa de CCR

Día	Parte	Cantidad	Horas
Lunes	A	25	5
	B	5	3
Martes	B	5	3
	C	5	5
Miércoles	C	2	2
	D	2	6
Jueves	D	1	3
	A	25	5
Viernes	C	2	2
	B	10	6

El contenido del amortiguador planeado el martes por la mañana.

Horas de Trabajo Disponibles para el CCR

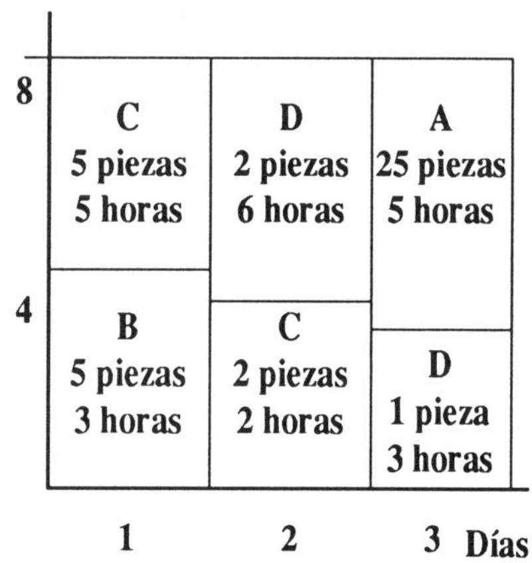

El contenido del amortiguador cambia día a día de acuerdo al programa del CCR.

61. LOS AMORTIGUADORES REALES DEBEN DIFERIR DE LOS AMORTIGUADORES PLANEADOS

¿Cómo puede un análisis del amortiguador de tiempo señalar el camino hacia las acciones que mejoren inmediatamente nuestra ventaja competitiva? Sabemos que uno de los propósitos de los amortiguadores es proteger el throughput y el cumplimiento de las fechas de promesa de entrega de la planta contra el impacto de las perturbaciones. Si se presentan perturbaciones, debemos esperar que el contenido real del amortiguador sea menor a lo planeado. Si el amortiguador siempre está lleno, será una señal segura de que no hay perturbaciones suficientemente significativas como para afectar el flujo planeado de los materiales. En consecuencia, no se necesita un amortiguador y este inventario podrá ser eliminado sin dañar al throughput o al gasto de operación. De hecho, al eliminar el amortiguador, reducimos el gasto de operación.

Si el amortiguador real frente a una operación crítica no debe ser igual al amortiguador planeado, entonces ¿cómo debe ser? En el ejemplo de la página siguiente se ilustra el patrón deseado entre amortiguador planeado y amortiguador real. El material que se planea que esté en el primer tercio del amortiguador de tiempo, es decir, el material que consume el CCR primero, siempre debe estar presente. Por otro lado, debemos esperar que falte la mayoría del material planeado para el último tercio del amortiguador. El contenido real versus el planeado del tercio medio del amortiguador debe encontrarse entre estos dos extremos. Este perfil de amortiguador debe proteger nuestras operaciones críticas contra todas las fluctuaciones excepto las más extremosas.

Veamos qué acciones podemos tomar para mejorar nuestra ventaja competitiva inmediatamente si el contenido real del amortiguador se desvía de este patrón.

MANUFACTURA SINCRONIZADA
AMORTIGUADORES DE TIEMPO

En el amoriguador de tiempo se encuentran contenidos la mayor parte de los inventarios y debe proteger a la planta contra las perturbaciones.

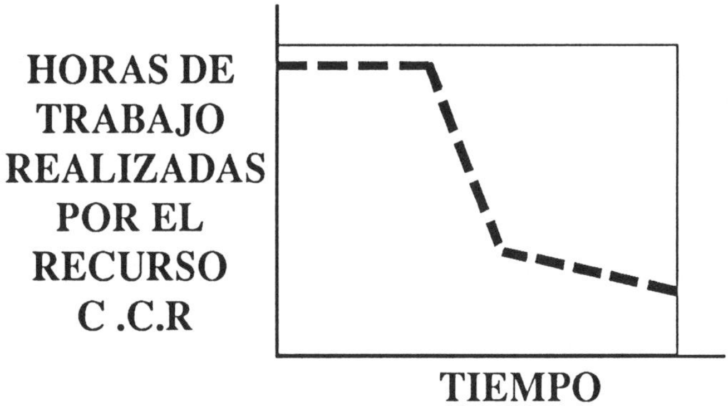

PROGRAMADAS (línea continua)
REALES (línea discontinua)

El amortiguador real deberá ser más pequeño que lo planeado si existen perturbaciones.

De lo contrario, no hay necesidad alguna de tener el buffer.

62. ADMINISTRACION DE LOS AMORTIGUADORES DE TIEMPO

Si el patrón del amortiguador actual se estira más allá del amortiguador planeado, como en el Caso 1, entonces será un claro indicador de que el material se está produciendo más tempranamente de lo requerido en las operaciones precedentes. Este patrón sugiere que el material para la primera operación se está liberando prematuramente. La gerencia, probablemente, no habrá implementado completamente el cambio cultural requerido para un sistema DBR (tambor-amortiguador-cuerda). Probablemente se necesite más educación y disciplina en la operación de entrada.

Si el amortiguador está casi lleno, como en el Caso 2, tenemos una indicación clara de que el amortiguador planeado es demasiado grande. Estamos pagando una prima demasiado elevada por nuestro seguro de protección. Debemos recortar el tamaño del amortiguador planeado hasta un punto en el que sólo esté completamente lleno el primer tercio del amortiguador. En el Caso 3, la porción totalmente llena es inferior al primer tercio del amortiguador, lo que indica que el amortiguador es demasiado pequeño y que corremos el riesgo de "matar de hambre" al CCR (dejarlo sin partes que trabajar) y de perder throughput. Debemos incrementar de inmediato el amortiguador planeado hasta que el primer tercio quede completamente lleno.

Podemos ver por qué es importante tener la cantidad correcta de vacío en el amortiguador y dónde debe estar localizado, pero también debemos estar emprendiendo acciones para eliminar las vacantes o huecos del amortiguador. Si podemos evitar que esos huecos ocurran, entonces podremos reducir aún más el tamaño del amortiguador e incrementar nuestra ventaja competitiva. ¿Cómo podemos obtener una indicación de dónde, con el menor esfuerzo posible, podremos tener el máximo impacto para la reducción del amortiguador?

MANUFACTURA SINCRONIZADA
ADMINISTRACION DE AMORTIGUADORES

CASO 1

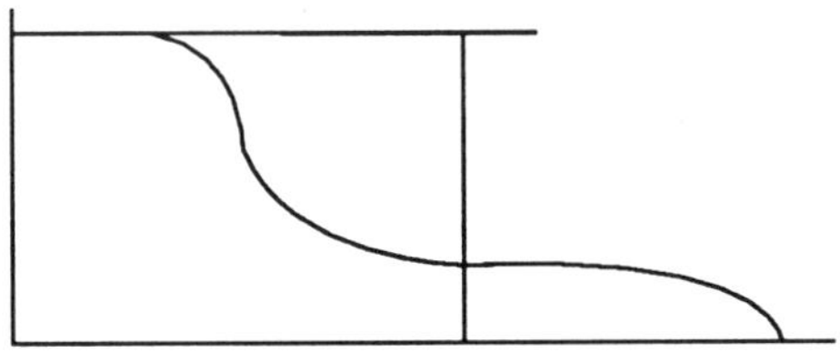

CASO 2

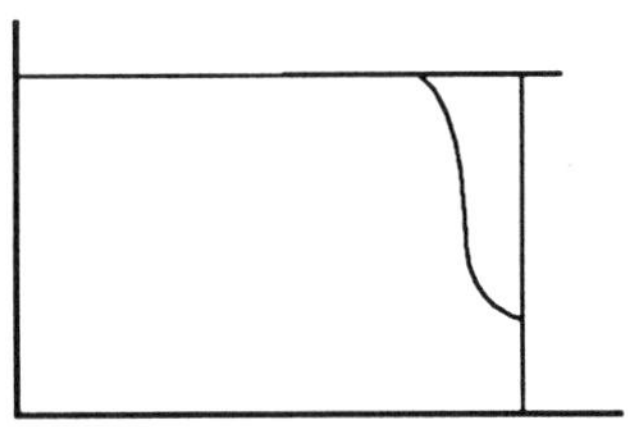

CASO 3

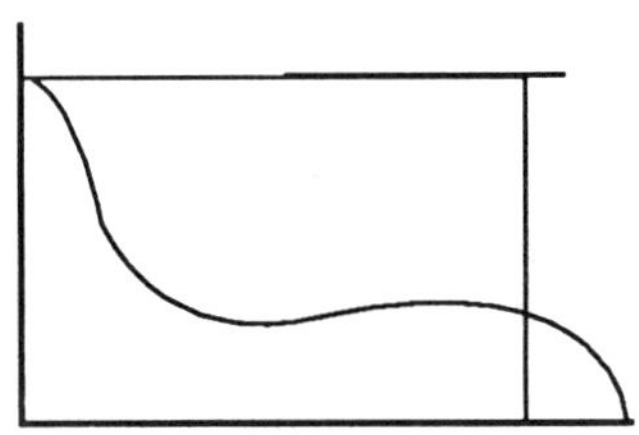

63. HUECOS EN LOS AMORTIGUADORES

Una comparación entre los amortiguadores planeados y reales, revelará qué partes faltan, pero que deberían estar en el amortiguador. Estas partes faltantes, o huecos, del amortiguador son resultado de las perturbaciones en el flujo de materiales por las operaciones precedentes o las de nuestros proveedores.

En este momento, no sabemos dónde está este material o por qué no ha llegado al amortiguador a tiempo. Sabemos, no obstante, que debe estar todavía en una de las operaciones precedentes (o con un proveedor). Nuestra ilustración muestra que cierta cantidad de la parte A que, según lo planeado, debería estar en el amortiguador, no ha llegado aún, creando un hueco en el amortiguador. Estas partes faltantes van a requerir de "Y" horas de la capacidad del CCR cuando lleguen y se procesen. También sabemos, en base a nuestro amortiguador, que el programa del CCR pide que estas partes se procesen dentro de "W" horas.

Conocemos el tamaño del hueco del amortiguador (su impacto sobre el CCR) y cuánto tiempo tenemos todavía para llenar este hueco sin lesionar nuestro programa. Esta información nos ayudará a cuantificar la importancia de la perturbación.

Lo que no sabemos todavía es dónde están las partes, por qué se han demorado y qué debemos hacer para rectificar el problema.

MANUFACTURA SINCRONIZADA
ENFOQUE DE LAS MEJORAS

Las discrepancias entre los amortiguadores planeados y los amortiguadores reales, revelan las perturbaciones del flujo de materiales.

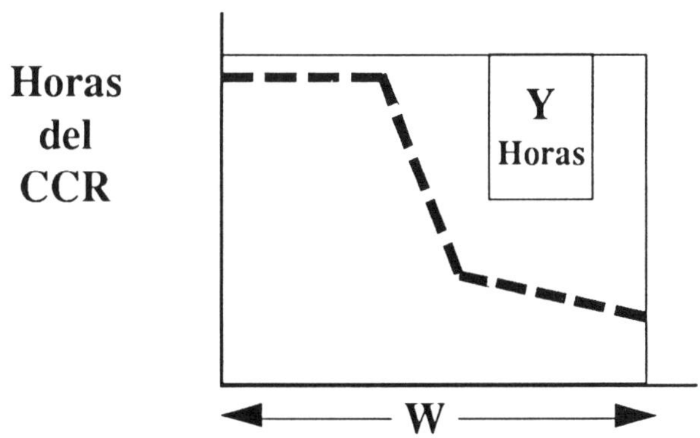

El hueco representa que faltan 4 horas de inventario de la parte A que, de acuerdo al programa, debieron hacerse en W horas.

Esta información puede usarse para cuantificar la perturbación.

64. CALCULO DE UN FACTOR DE PERTURBACION

Podemos determinar la ubicación de las partes faltantes revisando nuestro sistema de control de inventarios o simplemente yendo a ver. Una vez que hemos determinado la ubicación de estas partes, tenemos una indicación muy buena de cuál centro de trabajo o proveedor causó la perturbación del flujo. La fuente perturbadora es *muy probablemente* el centro de trabajo o proveedor donde actualmente se encuentra la parte, esperando ser trabajada.

Ahora que conocemos la ubicación del material, podemos inventar un procedimiento para cuantificar la importancia de esta perturbación con relación a otras perturbaciones que causan huecos en éste y en otros amortiguadores. Sólo se necesitan tres parámetros y ya conocemos dos de ellos. El primero es "Y", el número de horas que el CCR debe pasar procesando estas partes. Este parámetro refleja la magnitud del daño que se causará si el material no llega al amortiguador a tiempo. El segundo es el tiempo de protección "W" que todavía nos queda antes de que el CCR reciba el impacto de la ausencia de este material. El tercero es "P", la cantidad de tiempo de procesado que se requiere para dejar las partes listas para ser procesadas por el CCR.

Usando esta información podemos calcular un número único, o factor de perturbación para cada hueco del amortiguador y asignárselo al centro de trabajo causante de la perturbación. Mientras mayor sea el factor de perturbación, será más importante eliminar la fuente de la perturbación. Hay que tener en cuenta que en caso de que el material no se encuentre en la planta, este factor de perturbación corresponderá al proveedor en particular.

Ahora conocemos la importancia relativa de todas las perturbaciones de nuestra planta. ¿Cómo podemos aprovechar esta información para incrementar nuestra ventaja competitiva?

MANUFACTURA SINCRONIZADA
ENFOQUE DE LAS MEJORAS

Localice los inventarios que faltan en el amortiguador.

Esto le ayudará a identificar la fuente de la perturbación.

P, W e Y pueden usarse para cuantificar la magnitud de la perturbación.

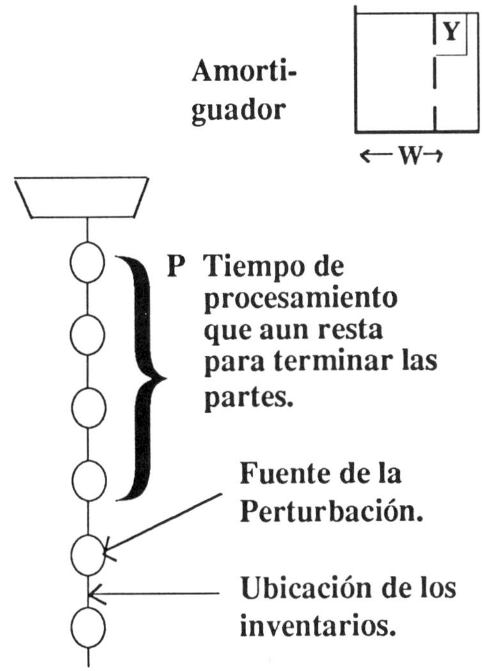

65. EL PRINCIPIO DE PARETO

Podemos repetir estos cálculos para cada hueco de cada amortiguador de nuestra planta. Podemos sumar estos factores de perturbación para cada fuente, podemos llegar a un "factor de perturbación" para cada recurso y cada proveedor. El tamaño del factor de perturbación nos hablará de la importancia de la fuente, en cuanto a la perturbación del flujo de materiales. Ahora no sólo conocemos la importancia relativa de cada perturbación, sino también la importancia relativa de cada fuente de perturbaciones.

Estos factores de perturbación de los centros de trabajo o proveedores se convierten en nuestra lista de prioridades para detectar dónde debemos concentrar nuestros esfuerzos por mejorar la productividad. Por supuesto, primero debemos trabajar con el centro de trabajo/proveedor que tenga el mayor factor de perturbación. Aún cuando sea difícil analizar y corregir dichas perturbaciones, no debemos caer en la tentación de distraernos y corregir un problema fácil en otro centro de trabajo que esté más abajo en nuestra lista. El único resultado de corregir esa perturbación será la satisfacción de haber corregido algo, pero no producirá impacto significativo alguno en nuestros resultados financieros.

Nuestros esfuerzos de mejoramiento deben guiarse por el principio de Pareto. Pareto decía que siempre hay unas cuantas cosas importantes y muchas triviales. La ilustración de la página siguiente muestra la idea de Pareto comparando los beneficios resultantes de una mejora contra los costos de dicha mejora. Claramente, las mejoras más deseables son las que tienen los mayores beneficios en comparación con sus costos. El esforzarnos constantemente por eliminar las perturbaciones que causan huecos en los amortiguadores es un proceso de mejoramiento continuo. Dedicar nuestros esfuerzos a las fuentes con los mayores factores de perturbación es parte de este proceso de mejoramiento continuo focalizado.

Una vez que localizamos y cuantificamos dónde debemos concentrarnos, podremos usar la gran cantidad de técnicas buenas que tenemos para analizar y corregir los problemas.

MANUFACTURA SINCRONIZADA
ENFOQUE DE LAS MEJORAS

Si repetimos el mismo proceso para cada hueco en cada uno de los amortiguadores y totalizamos la magnitud de la perturbación para cada centro de trabajo, obtendremos un factor de perturbación para cada uno de los centros de trabajo de la planta.

Estos factores de perturbación son nuestra lista de prioridades para enfocar nuestros esfuerzos de mejoramiento de la productividad.

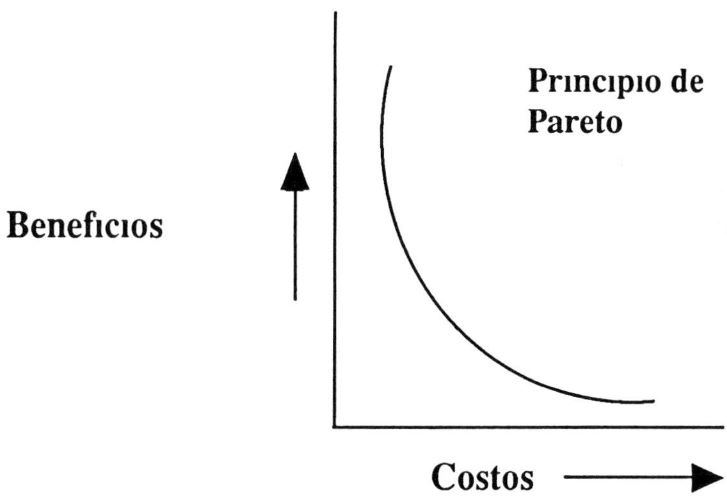

66. COMO SACARLE SENTIDO A LA SOPA DE LETRAS

Nuestros factores de perturbación nos dicen dónde concentramos y qué tan importante es hacer esa mejora. No nos dicen qué causó la perturbación. Debemos analizar la fuente para determinar la causa principal de los mayores factores de perturbación.

Un centro de trabajo puede estar perturbando el flujo, debido a descomposturas frecuentes de las máquinas. Aquí es donde deben focalizarse nuestros esfuerzos de mantenimiento preventivo. Si se trata de una máquina vieja y poco confiable, quizá debamos adquirir una nueva. Tal vez la mayor causa de la perturbación sea, más bien, un problema de calidad. El Dr. Deming, el Dr. Juran y otros nos han dado toda una gama de técnicas poderosísimas para aislar y resolver los problemas de calidad.

También podría ser que la perturbación sea ocasionada por una preparación larga y poco confiable. Aquí es donde deberemos usar las técnicas detalladas para la reducción de los tiempos de preparación desarrolladas por los japoneses. O quizá, pudiera ser que la perturbación fuera causada por un supervisor que trataba de hacer que su departamento se viera eficiente. Tal vez está corriendo lotes más grandes de lo necesario, para poder ahorrarse las preparaciones pero, como resultado, puede estar causando perturbaciones en el flujo del material que se necesita. Podríamos enfrentarnos a este problema usando la técnica de "la vieja mula de Missouri".

Estas ilustraciones son ejemplos de cómo en este proceso de mejoramiento continuo puede focalizar nuestra sopa de letras de las técnicas de mejoramiento disponibles, y convertirla en una fuerza poderosa y coherente. Cada una de las técnicas de mejoramiento puede ser muy beneficiosa (si tiene un impacto global) o un desperdicio de dinero (si tiene sólo un impacto local). Puesto que el inventario está íntimamente relacionado con los seis elementos de la ventaja competitiva, podemos usar amortiguadores de tiempo para detectar las áreas más críticas de mejoramiento. Luego deberemos aplicar la técnica apropiada y repetir este proceso continuamente en el punto de siguiente importancia. No debemos aplicar alguna de estas técnicas en todos lados, ni tampoco todas en todos lados.

Existen muchas otras causas de perturbaciones y también técnicas igualmente eficaces para eliminarlas. La corrección del problema del centro de trabajo (o proveedor) que esté a la cabeza de la lista, tendrá el mayor impacto en el llenado de los huecos más importantes del amortiguador, lo que nos permitirá reducir el tamaño del amortiguador y repetir el proceso. Al reducirse los amortiguadores, sentiremos el impacto con toda seguridad.

MANUFACTURA SINCRONIZADA ENFOQUE DE LAS MEJORAS

El centro de trabajo al que corresponde el más alto factor de perturbación debe ser analizado para determinar las causas:

- **Mantenimiento.**
- **Calidad.**
- **Preparaciones largas y no confiables.**
- **Otras.**

Una vez que tenga lugar el mejoramiento, los principales huecos desaparecerán, y podrán reducirse los amortiguadores de tiempo.

67. REDUCCION DE LAS PERTURBACIONES PARA GANAR VENTAJA COMPETITIVA

La aplicación focalizada de la técnica correcta para el mejoramiento de la productividad reduce las perturbaciones y elimina los huecos más importantes de nuestros amortiguadores. Al reducirse los amortiguadores, puesto que contienen la mayor parte del inventario de productos en proceso de fabricación, la ventaja competitiva de la planta aumenta también. Los tiempos totales de manufactura, los gastos de operación y las inversiones en inventario se reducen, al tiempo que la calidad, el cumplimiento de fechas de promesa de entrega al cliente y la velocidad de introducción de nuevos productos al mercado, se incrementan.

El mercado responderá con una demanda incrementada que conducirá a un incremento en throughput. Este throughput adicional deberá ser sumamente rentable, porque no se habrá requerido un incremento equivalente ni en gasto de operación ni en inventarios. La utilidad neta, el retorno sobre la inversión y el flujo de efectivo crecerán en forma simultánea. Estaremos avanzando en dirección hacia nuestra meta.

Sin embargo, la eliminación de las fuentes más importantes de perturbaciones y el incremento en volumen cambiará a nuestra planta, cambiará los sitios hacia dónde debamos enfocar nuestros esfuerzos y cambiará cómo debamos hacerlo.

MANUFACTURA SINCRONIZADA ENFOQUE DE LAS MEJORAS

Se reduce el amortiguador

↓

Se reducen los inventarios de trabajo en proceso

↓

Aumenta la ventaja competitiva

↓

Aumenta el throughput

↓

Utilidad neta ↑ Retorno sobre la inversión ↑ Flujo de efectivo ↑

68. PARA LIDIAR CON LOS CUELLOS DE BOTELLA

El incremento en throughput reducirá el exceso de capacidad de la planta, ocasionando que haya tiempo disponible para recuperarse de las perturbaciones que lo harían reducirse. Hemos estado protegiendo a nuestra planta contra las perturbaciones, tanto con nuestros amortiguadores de inventario como con la capacidad excedente de nuestros soldados más fuertes. Los soldados fuertes ahora tendrán menos capacidad para alcanzar a los demás rápidamente si llegan a dejar caer sus armas. Ahora las perturbaciones podrían hacer que el soldado más lento (el CCR) se detenga de cuando en cuando (pérdida de throughput). Ahora necesitamos incrementar los amortiguadores que tan diligentemente habíamos trabajado para reducir. El personal de la planta necesita trabajar constantemente para reducir los amortiguadores eliminando las fuentes más importantes de perturbaciones independientemente de qué tan flexibles se hayan hecho a los amortiguadores para responder a la cambiante demanda del mercado y las condiciones de la planta.

El throughput podría incrementarse hasta el grado en que aparecieran en la planta verdaderos cuellos de botella que limiten el throughput. Sin embargo, no hay necesidad de arrancarse de inmediato a comprar más equipo para incrementar la capacidad de dichos cuellos de botella. Hay una gran cantidad de pasos más rápidos y económicos, que debemos tomar primero. Por ejemplo, debemos asegurarnos de que el cuello de botella siempre tenga operador, aún en horas de comida, otros descansos y en los cambios de turno. Se debe poner cuidado de que el cuello de botella no trabaje con partes que ya traigan defectos (aunque esto signifique poner un inspector antes del cuello de botella) porque el tiempo desperdiciado en el cuello de botella es throughput perdido para la planta. Las operaciones que sigan al cuello de botella de la planta deben recibir instrucciones en el sentido de procesar con mucho cuidado las partes salidas del cuello de botella, porque cada parte dañada representará un embarque que no se pudo hacer. Podemos exprimirle una cantidad sustanciosa de capacidad adicional a nuestros cuellos de botella con estos métodos económicos y eficaces. Sólo cuando estas técnicas se hayan agotado, deberemos comprar capacidad adicional.

El esfuerzo por reducir los amortiguadores e incrementar la capacidad de los cuellos de botella de manera continua es sumamente rentable. Al cambiar el foco de nuestra atención de simplemente reducir las perturbaciones más importantes a también incrementar el throughput en los cuellos de botella, habremos elevado el desempeño a un nivel nuevo. ¡Estaremos empezando a establecer un volante de productividad!

MANUFACTURA SINCRONIZADA ENFOQUE DE LAS MEJORAS

Aumenta el throughput

Menos capacidad excesiva para hacer frente a las perturbaciones

↓

Aumento del amortiguador

↓

Necesidad de continuar reduciendo el amortiguador

↓

Cuellos de botella que limitan el incremento de producción

↓

Alternativas menos costosas que la compra de maquinaria

↓

Aumento de capacidad

↓

Utilidad neta ↑	Retorno sobre la inversión ↑	Flujo de efectivo ↑

69. EL VOLANTE DE PRODUCTIVIDAD

El primer paso para establecer un volante de productividad así es implementar la manufactura sincronizada utilizando el método de tambor-amortiguador-cuerda. Luego tenemos que administrar los amortiguadores de inventario y focalizar nuestros esfuerzos de mejoramiento de los procesos. Finalmente, deberán utilizarse las técnicas de Justo-A-Tiempo, las nuevas tecnologías y una buena práctica gerencial donde causen el mayor impacto. El resultado será un incremento continuo en la utilidad neta, el retorno sobre la inversión y el flujo de efectivo.

El establecimiento de un proceso de mejoramiento continuo focalizado requiere de que entendamos la ubicación de las verdaderas restricciones de nuestras plantas. Una vez que lo hagamos, deberemos concentrarnos en estas restricciones aplicando todo nuestro esfuerzo para romperlas. Cuando se haya eliminado una restricción, tendremos una nueva planta, y nuestros esfuerzos deberán ahora dedicarse a otras áreas. Necesitaremos averiguar dónde están las nuevas restricciones y atacarlas con la misma fiereza. Recordemos que aún cuando las restricciones sean externas a la planta, (por ejemplo, que tengamos capacidad más que suficiente, pero no tengamos suficiente demanda del mercado), seguimos teniendo poder para afectarlas. Bajar el inventario de productos en proceso de fabricación incrementará nuestra ventaja competitiva y causará que nuestra demanda de mercado se incremente.

Este esfuerzo continuo por encontrar las restricciones actuales, romperlas, encontrar las siguientes restricciones, romperlas y así sucesivamente, es un proceso sumamente poderoso de mejoramiento continuo focalizado. Es la forma para que la industria occidental no sólo se pueda reincorporar a la carrera, sino que también rebase de un salto a la competencia.

Debemos usar este proceso de mejoramiento continuo para impulsar el volante de productividad a una velocidad cada vez mayor.

PERO RECORDEMOS QUE. . . .

LA CARRERA EN POS DE LA VENTAJA COMPETITIVA EL VOLANTE DE LA COMPETITIVIDAD

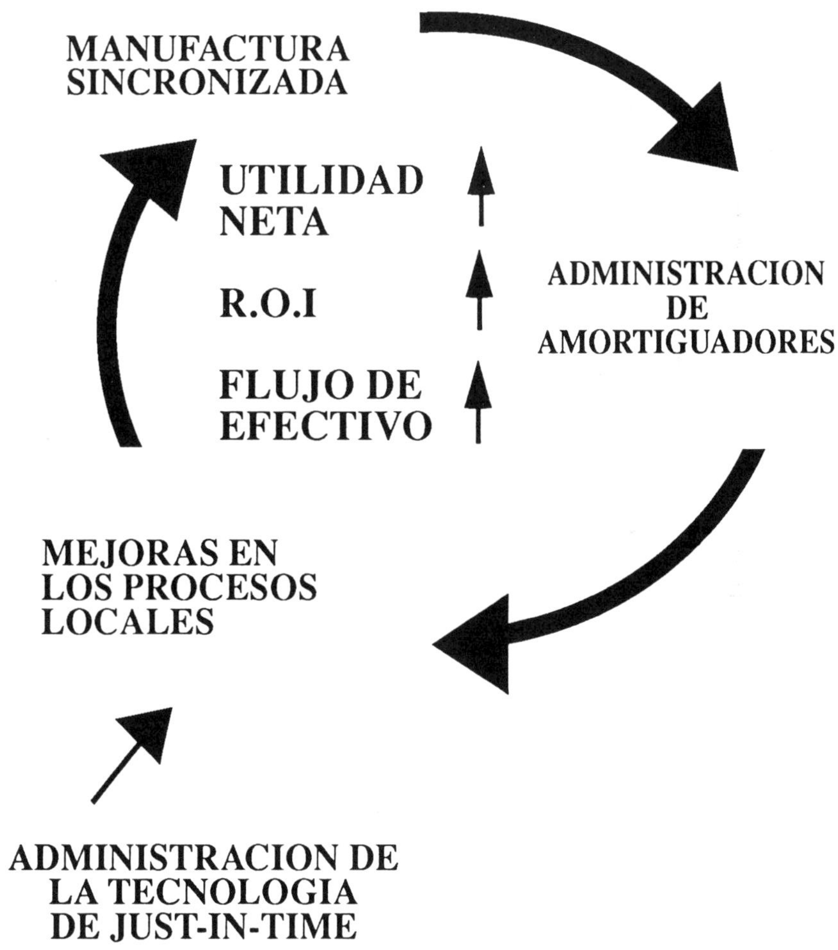

70. NO HAY LINEA DE META

La carrera por la ventaja competitiva es pariente del progreso del hombre: debe ser continua e interminable. Siempre podremos hacer mejor las cosas. Cuando adquirimos y aplicamos una mejor comprensión de cómo funciona nuestro mundo manufacturero, muchos se benefician. El progreso en manufactura y la elevación del nivel de vida han vivido de la mano desde el inicio de la revolución industrial.

Lo que caracteriza al mundo de hoy es la casi brutal intensidad de la carrera y el hecho claro de que estamos perdiéndola. Las implicaciones de esta tendencia son muy inquietantes de contemplar. Nuestro sitio como potencias mundiales y nuestros niveles de vida se encuentran claramente en peligro. Para revertir estas tendencias necesitamos establecer en nuestras organizaciones un proceso continuo de mejoramiento focalizado. Necesitamos hacer caso omiso para siempre de los miles de excusas que nos han impedido encarar el verdadero problema.

Nos han ganado en nuestro propio juego. La competencia ha trabajado *más inteligentemente, no más arduamente* que nosotros, para conquistar su creciente ventaja competitiva. Nosotros creemos que este proceso de mejoramiento continuo puede ayudar a restaurar nuestra posición. Es más rápido, más económico y más focalizado como proceso que el enfoque de Justo-A-Tiempo. Si lo usamos, podremos ganar terreno en esta carrera. Aún así, al darnos prisa por aplicar estos procesos, debemos aprender de nuestras experiencias. Este proceso de mejoramiento continuo no es ni la única ni la mejor forma. Debemos pensar todavía más para encontrar procesos aún mejores.

¡Buena suerte, y mucho éxito en sus esfuerzos por ganar la carrera!

¡NO EXISTE UNA LINEA DE META!

APENDICE A

UN PROCESO DE MEJORA CONTINUA

UN PROCESO DE MEJORA CONTINUA

EL MERCADO actual está más concurrido, es más dinámico y está más intensamente competido que en cualquier otro momento de la historia.

La manufactura industrial es testigo de cómo se ha intensificado la carrera por el dominio del mercado: los ciclos de vida de los productos se están acortando; la meta de la calidad es cero defectos; se introduce cada año nueva tecnología de maquinaria y los nuevos sistemas para controlar la producción se suceden a una velocidad sin precedentes.

Lo que antes eran cambios relativamente graduales, en años recientes se han transformado en una carrera de intensidad exponencial. Quienes no sean capaces de *mejorar continuamente* se quedarán atrás, puesto que tener éxito en ese entorno exige algo más que mejoras únicas.

Cada mejora, por supuesto, nos alcanza a comprar un tiempo precioso. Pero la carrera en el mercado sigue inexorable su marcha; la pendiente de la curva se hace cada vez más pronunciada y el tiempo que nos consigue cualquier mejora por sí sola es cada vez más breve.

Es claro que se necesita algo más que mejoras esporádicas. De hecho, la única forma de asegurar y mejorar una posición competitiva es instituyendo un Proceso de Mejora Continua.

En ausencia de tal proceso, todas las mejoras serán ciertamente esporádicas y fragmentadas, con el consiguiente dispendio de energía, tiempo y recursos. Lo que se requiere es un proceso que permita, en cada momento, identificar claramente el área donde la mejora logrará el máximo impacto global.

Este proceso debe permitir a la organización conseguir el máximo beneficio de la mejora, al mismo tiempo que identificar el área donde sea necesaria la próxima mejora, y cuantificar su impacto.

Puesto que la experiencia de cómo implementar tal proceso es tanto rara, como necesaria, hemos descrito abajo cómo entendemos la causa raíz de la resistencia inherente a un proceso así, y algunas de las formas que hemos desarrollado para vencer dicha resistencia.

NADIE discute que un proceso capaz de generar una mejora continua sea beneficioso, pero todo aquél que haya intentado introducir un nuevo proceso en una organización conoce muy bien la multitud de obstáculos a los que es necesario enfrentarse.

La experiencia muestra que cuando se examinan de cerca estos obstáculos, la mayoría de ellos tienen su raíz en la resistencia de las personas afectadas.

Aunque esta resistencia pueda adquirir diferentes aspectos en entornos diferentes, el hecho es que para conseguir introducir un Proceso de Mejora

Continua es necesario aceptar y enfrentarse a la causa original de esta reacción.

De hecho, no hay nada más difícil para una organización que el cambio. Cualquier cambio. Cada mejora es, por definición, un cambio, un cambio en la dirección adecuada, y ello ineludiblemente producirá resistencia, a pesar de su beneficio potencial.

Por otro lado, el *proceso* de mejora es, por naturaleza, un proceso de cambio continuo. El grado de resistencia que le espere puede ser, por tanto, bastante significativo, aunque, por supuesto, la resistencia no siempre sea consciente. La resistencia puede provenir de cualquier nivel de la estructura organizacional, puesto que un cambio puede ser tan rechazado en la sala del Consejo de Administración como en la propia fábrica.

Sin embargo, si se acepta la existencia de una intensa carrera por la sobrevivencia y la conquista del mercado, no hay otra alternativa que instituir un proceso de mejora continua.

Aunque nuestra tendencia, casi instintiva, a rechazar el cambio hace que la introducción de tal proceso sea extremadamente difícil, si no imposible.

La oposición al cambio, venga de donde venga, no se produce porque el cambio sea incorrecto, sino simplemente, por ser un cambio.

Podemos intentar aplastar a la oposición al cambio, pero ello sería una pérdida de tiempo aún cuando tengamos éxito. Ceder a la resistencia significaría, no obstante, renunciar al único remedio efectivo y duradero para el problema. Por lo tanto, la primera tarea será cambiar la actitud de la gente con respecto al cambio, es decir, neutralizar a la oposición.

¿Cómo se puede conseguir?

COMPRENSION DE LA ACTITUD HACIA EL CAMBIO

Necesitamos, antes que nada, intentar entender las muy diferentes actitudes que la gente tiene con respecto a las mejoras, en contraste con su respuesta ante el cambio.

Aunque ambos son, por definición, cambios, las mejoras, a diferencia de los cambios, tienen una connotación positiva. ¿Será la clave hacer que los demás entiendan la naturaleza beneficiosa de los cambios propuestos?

Analicemos nuestra experiencia personal. ¿Cuántas veces hemos tratado de explicarle una innovación a los demás, sean jefes, subordinados o colegas, y percibido que nuestro mensaje no les ha llegado? Puede que incluso les hayamos dado argumentos lógicamente consistentes, explicaciones claras y ejemplos muy ilustrativos; y ni aún así, se habrán convencido, dudando con escepticismo del valor de nuestras propuestas.

Tal vez hayamos acabado con la sensación de que, aunque nos hayan oído, no nos escucharon realmente.

Sus energías parecieron estar más dirigidas, no a evaluar nuestras propuestas, sino a encontrar la forma de demostrar que no funcionarían. Si, finalmente, conseguimos transmitir nuestro mensaje, e incluso logramos que todos lo aceptaran, habrá sido gracias a nuestro enorme esfuerzo y a nuestra perseverancia.

Está claro que un método así para introducir mejoras es francamente inadecuado si de lo que se trata es de lograr la aceptación de un proceso de mejora continua.

Si analizamos nuestra experiencia al introducir mejoras, llegamos inexorablemente a la conclusión de que la resistencia que encontramos es más emotiva que lógica. Nuestras propuestas siempre son percibidas más como cambios que como mejoras, y como vimos antes, cualquier cambio despierta invariablemente una resistencia emotiva a cualquier nivel.

De hecho, la emotividad raras veces se encuentra sólo en nuestros interlocutores. Nuestra propia emotividad, y no nada más nuestra lógica, nos habrá ayudado probablemente a persistir y conseguir implantar nuestra mejora.

Si nosotros somos los paladines de una idea, tendemos a identificarnos mucho con ella, tanto, que los demás consideran que es nuestro "bebé". El proceso de introducir mejoras es, en parte, una lucha de tipo emocional, donde las emociones de la resistencia al cambio son finalmente vencidas por las emociones más fuertes del paladín del cambio.

Nuestro tema, no obstante, no es la naturaleza de los seres humanos, sino cómo llegar a tomar en cuenta, e incluso posiblemente usar, esta tendencia emocional tan arraigada en todos nosotros.

Aún cuando fuera posible que todos los integrantes de una organización se convencieran de la necesidad de adoptar un proceso de mejoramiento continuo, entonces cada individuo personalmente adquiriría la "propiedad" de esa idea. Así, la energía emocional de cada persona se orientaría hacia la adopción de ese proceso, en lugar de rechazarlo.

Pero ¿cómo puede uno esperar lograr este sentido de propiedad universal y a la vez de propiedad individual; y además hacer que suceda simultáneamente en toda la organización?

LOGRO DE LA UNIVERSALIDAD CON PROPIEDAD INDIVIDUAL

UNA PROPIEDAD individual que, además, sea propiedad universal... suena imposible. Una contradicción de términos, y sin embargo, eso es precisamente lo que necesitamos lograr.

Si quisiéramos crear un clima en el cual fuera aceptado un proceso de cambio continuo por toda la organización, necesitaríamos despertar un compromiso tan difundido entre los individuos, que redundara en la aceptación universal del proceso.

Si tuviéramos que diseñar un instrumento para llevar a cabo este milagro, ¿cuáles serían sus características?

Probablemente, su costo debería ser suficientemente bajo como para permitir su distribución masiva, estar fácilmente disponible, no necesitar de preparación o soporte especial, ser de manejo sencillo y capaz de adaptarse a las preferencias y ritmo de cada individuo.

Puesto que debemos enfocarnos en los individuos, tal vez un libro sea el vehículo adecuado. Sin embargo, no cualquier clase de libro puede ser un buen instrumento para lograr que la gente se identifique con la idea. Los libros de texto, si bien transmiten la información, frecuentemente no logran despertar la imaginación. Los lectores pueden llegar a asimilar el contenido, pero raramente se identifican plenamente con las ideas. Para que esto suceda, el lector necesita que el libro le involucre a nivel personal y, de ser posible, refleje su propia experiencia.

Como en la Antigüedad esta idea era muy apreciada, se han utilizado las analogías durante siglos, como medio para enseñar y comunicar las ideas. Cuando este método se utiliza adecuadamente en libros, discos, películas y medios similares, el lector o espectador se identifica con el protagonista a tal grado que mentalmente decide cómo debería resolver el personaje sus problemas.

Tuvimos la idea de escribir **"LA META"**, que muchos de Uds. indudablemente ya leyeron, usando esta herramienta de enseñanza: la analogía, y dándole forma de novela. Una novela hace más amena la adquisición de información y anima a los lectores a identificarse con la situación y los protagonistas. Sabíamos que **LA META** tenía que retratar al mundo industrial de manera viva y real para poder ser eficaz. Era necesario reflejar fielmente las presiones, problemas y decisiones diarias a las que se enfrenta un individuo en ese entorno. Es más, idealmente, había que lograr que el lector se identificara con los conflictos del protagonista Alex Rogo, y permitirle compartir las angustias de éste en su búsqueda de soluciones para salvar su fábrica.

Sabíamos que **LA META** no sería eficaz para generar la identificación con las ideas que trataba de comunicar, a no ser que consiguiera meter al lector en su trama y le condujera a una comprensión de las relaciones de causa y efecto entre los problemas y soluciones expuestos en la analogía.

Esperábamos impactar al lector con el paralelismo de su propio entorno y lograr que vislumbrase toda la gama de problemas, muchos de los cuales experimentaba personalmente. Deseábamos que viviera, con el protagonista, el esfuerzo por desarrollar una solución de sentido común para sus problemas, y que ello le condujese a un primer destello de luz, un primer indicio de solución genérica.

Conforme se derivaban soluciones específicas implementables partiendo de la solución genérica, esperábamos que el lector percibiera las pautas para generar diferentes aplicaciones concretas. Tarde o temprano, creíamos, el lector daría intuitivamente el salto desde el proceso de reflexión descrito en la analogía, a su aplicación a los problemas de su propio entorno.

Experimentaría, entonces, un momento de lo que los psicólogos llaman autodescubrimiento o cognición, una experiencia tipo *"¡Lo tengo!"*, y las soluciones que inventaría, tanto para los problemas de Rogo como para los de su propia empresa, serían su propia solución.

Sin embargo, creíamos que, independientemente del número de soluciones discretas que se implantasen, ello no constituiría necesariamente un proceso de mejora continua.

Era necesario que el lector desarrollara un sentido de identificación, no solamente con un "descubrimiento" específico, sino con algo mucho más indefinido. Queríamos hacer que se identificase con la idea de instituir un proceso de mejoramiento continuo focalizado en su propia organización.

¿Qué significa ese proceso de mejoramiento continuo focalizado? En cualquier Organización un pequeño número de restricciones gobierna el nivel de desempeño total. Si se pudieran romper estas pocas restricciones, la productividad de toda la Organización aumentaría de forma significativa.

Nuestra experiencia nos muestra que las otras mejoras que no se concentren en las principales restricciones pueden tener un impacto positivo, pero su efecto es de un orden de magnitud mucho menor.

La primera etapa en un Proceso de Mejoramiento Continuo, es entonces, identificar las restricciones más importantes y enfocar todos nuestros esfuerzos en aliviarlas. Una vez que esto se ha logrado, toda la organización habrá conseguido un nivel más alto de desempeño que estará ahora restringido por la existencia de nuevas restricciones.

Parte esencial del Proceso de Mejoramiento Continuo es no darnos por satisfechos con un nivel alto de desempeño, sino que debemos estar motivados para concentrarnos, lo más rápidamente posible, en las nuevas restricciones que puedan surgir a fin de lograr un nivel más alto de desempeño para toda la organización.

Se trata de un proceso sin fin. Las restricciones pueden pasar de un área a otra de la organización e incluso pueden pasar al mercado, fuera de la organización misma.

Independientemente de donde se hayan originado, siempre es posible tomar acciones en la organización para aliviar las principales restricciones.

Queríamos describir este proceso para que el lector pudiera tener la sensación de identificación personal con él y creer que podría aplicarlo dentro de su propia organización.

También pensábamos que el libro debía describir este proceso y sus diferentes ciclos vigorosamente. Pero ni siquiera bastaba con eso. Cada uno de los ciclos había de reflejar una situación en la que las restricciones fueran lo suficientemente comunes como para que muchos lectores se hubiesen encontrado antes con restricciones similares.

Si el libro conseguía delinear con éxito varios ciclos que el lector pudiese relacionar con su propio entorno, habría una oportunidad de que se identificara con el proceso completo de mejora continua.

Sabíamos que esto era pedir mucho de un libro. Pero sabíamos también que si no lo lográbamos, probablemente no tendríamos éxito en vencer la resistencia inherente al Proceso de Mejora Continua.

Si usted es como la mayoría de los lectores de **LA META**, habrá sentido necesidad de llevar a cabo lo que Alex Rogo hizo en su fábrica.

Tal vez se haya convencido de que los tipos de cambios que Alex llevó a cabo, podrían ser implantados en su fábrica. Quizá piense que tales cambios, si bien son beneficiosos, no son suficientes en el mundo de hoy y que, sólo instituyendo un Proceso de Mejora Continua, podrá su fábrica, como la de Alex, sobrevivir y prosperar.

Puede que usted en este momento esté intentando solucionar algunos de los problemas más persistentes de su organización, utilizando el mismo enfoque del libro.

Decimos esto porque es el proceso que han experimentado muchos de los lectores **LA META**. Naturalmente, cuanto más semejante sea el entorno del lector al descrito en el libro, más fuerte será su identificación con él. Aunque los principios de la solución pueden aplicarse a muchos entornos diferentes, tales como hospitales, servicios gubernamentales, y otros, además de la propia industria, es más fácil para las personas provenientes de la industria manufacturera encontrar semejanzas con su entorno e identificarse con los personajes y situaciones reflejadas en **LA META.** Es más, las personas provenientes de plantas ensambladoras tienden a identificarse más con la situación de Rogo, que las que trabajan en plantas de proceso continuo.

Los lectores que se ponen en contacto con nosotros nos dicen que el escenario del libro es muy real, que la tensión sentida por Al Rogo, ya sea la causada por su jefe, por su equipo de trabajo, e incluso, por su familia, es algo que todos ellos conocen bien y les es muy familiar. Muchos, incluso, nos han acusado de habernos metido a sus plantas y sus hogares a espiarlos, y de haber escrito **LA META** basándonos en sus propios problemas.

La mayoría de ellos consideran que **LA META** es atractiva, no solamente porque describe, de manera realista, los eventos que acompañan a la introducción de un proceso de mejoramiento continuo, sino también porque pone de manifiesto los aspectos más conflictivos e inquietantes de la industria contemporánea.

De la experiencia, reflejada en el libro, de una fábrica que introduce un proceso específico de mejora continua, los lectores han podido ver cómo funciona ese proceso.

Han podido ver cómo la productividad de una fábrica entera se mejora con la identificación, y eventual apertura de los cuellos de botella. Más aún, han podido ver cómo otro problema, la administración de los inventarios, impide seguir mejorando.

Su lectura les ha mostrado que la solución de este problema, y, de hecho, de cualquier problema, crea una nueva realidad en la planta que hace que surjan todavía más problemas; y que al irlos resolviendo, hacen aparecer nuevos obstáculos, esta vez externos.

Rogo descubre que, una vez resueltos los problemas inmediatos de manufactura, y al mejorar marcadamente su desempeño, el mercadeo se convierte en su problema más importante.

Sin embargo, Rogo fue capaz de resolver este problema externo a través de acciones internas. Al ir reduciendo sus tiempos totales de manufactura, logra conseguir nuevos pedidos.

Lo que los lectores llegan a apreciar es que la realidad de la fábrica está cambiando continuamente, que cada mejora, tan pronto como empieza a generar beneficios, crea una nueva realidad con la cual debemos lidiar, resolver y cambiar de nuevo. Este proceso es interminable.

Los cientos de cartas que hemos recibido de los lectores de **LA META** demuestran que la mayoría de ellos se sienten impulsados a empezar a cambiar las cosas en sus fábricas.

Pero son precisas unas palabras de advertencia. Cuando una mejora se refiera a una máquina específica o una política de mercadeo de la compañía, permanece aislada y su impacto es local, fruto de la iniciativa de unos cuantos individuos. Aunque son beneficiosas, estas mejoras no son suficientes.

Lo que se necesita va más allá de las acciones aisladas de algunos individuos realizando su mejor esfuerzo. Exige el esfuerzo coordinado de un grupo organizado. Sólo así podrá el proceso de mejora continua tener alguna oportunidad de presentar batalla.

Nos enfrentamos, pues, al problema de cómo lograr que una organización entera comparta y abrace la misma visión del Proceso de Mejora Continua.

Nuestra experiencia es que, aún cuando exista un acuerdo entre la gente sobre los puntos básicos, existe la tendencia a gastar grandes cantidades de tiempo y no pocos esfuerzos en discusiones sobre los procedimientos específicos para resolverlos.

¿Cómo resolver, entonces, este problema?

COMO LOGRAR EL CONSENSO DE GRUPO

EN LOS PARRAFOS anteriores vimos el problema de cómo lograr que un *individuo* adopte la propiedad de la idea, de que se necesita implementar un proceso de mejora continua en su organización.

Para lograrlo utilizamos un libro que contiene ejemplos muy explícitos y detallados. Ahora nos enfrentamos al problema contrario, es decir, cómo transformar este sentido de propiedad e identificación de muchos individuos en un consenso *grupal*.

Hablar ante un grupo con argumentos basados en un ejemplo detallado y específico es realmente la mejor forma de asegurar que **no** se logre el consenso. Cada persona del grupo tenderá a establecer diferentes paralelismos con su situación personal en la vida real y el resultado será, probablemente, un debate acalorado e inútil.

En lugar de esto, lo que necesitamos es fundamentar el Proceso de Mejora Continua sobre una derivación lógica, muy precisa, y sin lagunas, de los procedimientos y reglas generales.

Tendemos, sin embargo, a contemplar dichos procedimientos y reglas generales como vaguedades sujetas a interpretaciones diversas. Tratar de lograr la identificación en el grupo a través de un proceso de formulación de reglas y procedimientos así, con toda probabilidad conducirá a resultados vagos y carentes de significado.

De hecho, ¿se pueden formular soluciones genéricas que puedan aplicarse a la mayoría de las organizaciones industriales?

LA META contiene algunas reglas así, pero aunque sean muy útiles para concentrarse en las restricciones más importantes y aliviarlas, no tocan al proceso real de mejora continua.

El ejemplo de **LA META** simplemente sugiere un proceso de este tipo. Pero si no logramos formular procedimientos y reglas generales para dicho proceso, la probabilidad de lograr el consenso será sumamente baja.

Sin este consenso, las semillas de la resistencia volverán a aparecer. Conforme la organización se esfuerce por desarrollarse e instituir su propio proceso de mejoramiento continuo, estas semillas germinarán para convertirse en núcleos de vigorosa oposición.

Por otro lado, la mera presentación de reglas y procedimientos a un grupo no asegura su aceptación. Una presentación así debe incluir la derivación entera, paso a paso, de este enfoque.

Sólo se puede lograr el consenso si dicha derivación parte de una panorámica de la industria actual, con la que todos estén de acuerdo, y procede a utilizar argumentos precisos y bien definidos, en los que no existan lagunas o errores de percepción, que puedan dar lugar a malas interpretaciones. La lógica debe ser tan fuerte, que se perciba como simple sentido común. Esto es lo que hemos tratado de lograr en **LA CARRERA**.

Sin embargo, conseguir el consenso no conduce necesariamente, de por sí, a los resultados deseados. Es necesario dar un paso más.

La tarea está muy lejos de ser trivial: es lograr la transición partiendo de reglas y procedimientos generales hacia un proceso de mejora práctico. La siguiente dificultad con la que nos topamos típicamente es su aplicabilidad.

El enfoque descrito en **LA META** y **LA CARRERA** tiene tres diferentes vías de aplicabilidad, siendo la primera de ellas la esfera gerencial.

La gerencia actual tiende con frecuencia a percibir los problemas y sus efectos como sucesos independientes. Uno de los aspectos más atractivos de este enfoque es que permite llegar al descubrimiento de que muchos sucesos de la planta, aparentemente sin relación alguna entre sí, son efecto de un pequeño número de causas.

La percepción de estas relaciones de causa-y-efecto en gran medida proporciona un método mucho más poderoso para dirigir una organización.

La segunda área de aplicabilidad es la de la logística. El sistema Tambor-Amortiguador-Cuerda (DRUM-BUFFER-ROPE) o DBR, analizado en **LA META** y visto con mayor profundidad en **LA CARRERA**, es un sistema de logística realmente atractivo.

Su atractivo proviene del hecho de que elimina tanto la confusión y como la expeditación que se encuentra en la mayoría de las fábricas.

La administración de amortiguadores hace que las actividades de mejoramiento locales se encuentren bajo la misma sombrilla. En otras palabras, la aplicabilidad logística reduce la confusión y ordena las actividades diarias.

La tercer área de aplicabilidad es la del comportamiento humano. Como se ha podido deducir de **LA META,** y posteriormente de **LA CARRERA,** un Proceso de Mejora Continua tiene importantes implicaciones en cuanto al comportamiento, tanto en la fábrica como en los más altos niveles gerenciales.

La aplicabilidad en estas tres áreas tiene un impacto significativo en los resultados (pérdidas y ganancias).

Para evaluar este impacto, no debemos dejar de lado las fuertes conexiones que existen entre las tres. A pesar de lo difícil que pueda ser, debemos evaluar el grado de aplicabilidad para que el consenso no se transforme rápidamente en frustración.

La cuestión de cómo llevar a cabo todo esto y cómo vencer los demás numerosos obstáculos que se interponen entre nosotros y la instauración de un Proceso de Mejora Continua, está fuera del alcance de este libro.

Sabemos que **LA META** y **LA CARRERA** ayudan mucho a incrementar la identificación de los individuos y el consenso de grupo con respecto a los cambios que se necesitan en las fábricas. Han contribuido también a crear una sensibilidad sobre la necesidad de un proceso de mejora continua y de cómo podría funcionar dicho proceso.

Pero con esto, definitivamente, no basta. Considerando la precaria situación de la industria occidental y la pequeña ventana de tiempo que nos queda, debemos hacer mucho más. Se necesitan nuevas e innovadoras herramientas para crear una identificación, ampliamente difundida, con los cambios requeridos por todas las funciones. Los procedimientos y reglas generales, como el método DBR (Drum-Buffer-Rope) (Tambor-Amortiguador-Cuerda), son una necesidad vital en casi todas las áreas de la industria.

Este es el verdadero desafío al que se enfrenta la industria occidental. Esperamos que al haber compartido nuestra percepción de la necesidad de un Proceso de Mejora Continua y de las causas raíces de la resistencia a él, junto con nuestros esfuerzos por desarrollar este proceso, hayamos sido de utilidad en este esfuerzo.

APENDICE B

¿PUEDE USTED GANAR EL JUEGO DE LA ADMINISTRACION DE LA PRODUCCION?

INTRODUCCION

Estos ejercicios ilustran cinco tipos diferentes de decisiones que afrontamos diariamente en nuestros negocios. Son mucho menos complejas que las situaciones que Ud. tiene que analizar, pero los principios requeridos para resolverlos son los mismos.

La gente obtiene grandes beneficios al trabajar con estos casos antes de conocer la solución. Le recomendamos que haga lo mismo. Parecemos aprender más de un esfuerzo activo al tratar de resolver un problema que cuando pasivamente se nos muestra la solución.

¡Mucha suerte con los casos! Me dará gusto tener noticias de sus experiencias.

Robert E. Fox

¿UNA CAUSA DEL EXCESO DE INVENTARIO?

Dos operarios están encargados de la fabricación de un producto y sus piezas de repuesto. Los recursos requeridos, tiempos de producción, etapas de producción y demandas potenciales del mercado se ven en el diagrama. Hay solamente dos operarios, V y W, por turno. La planta trabaja a tres turnos (24 horas), 5 días a la semana. Los operarios no pueden intercambiarse uno por otro y no hay más trabajo que el indicado en el diagrama.

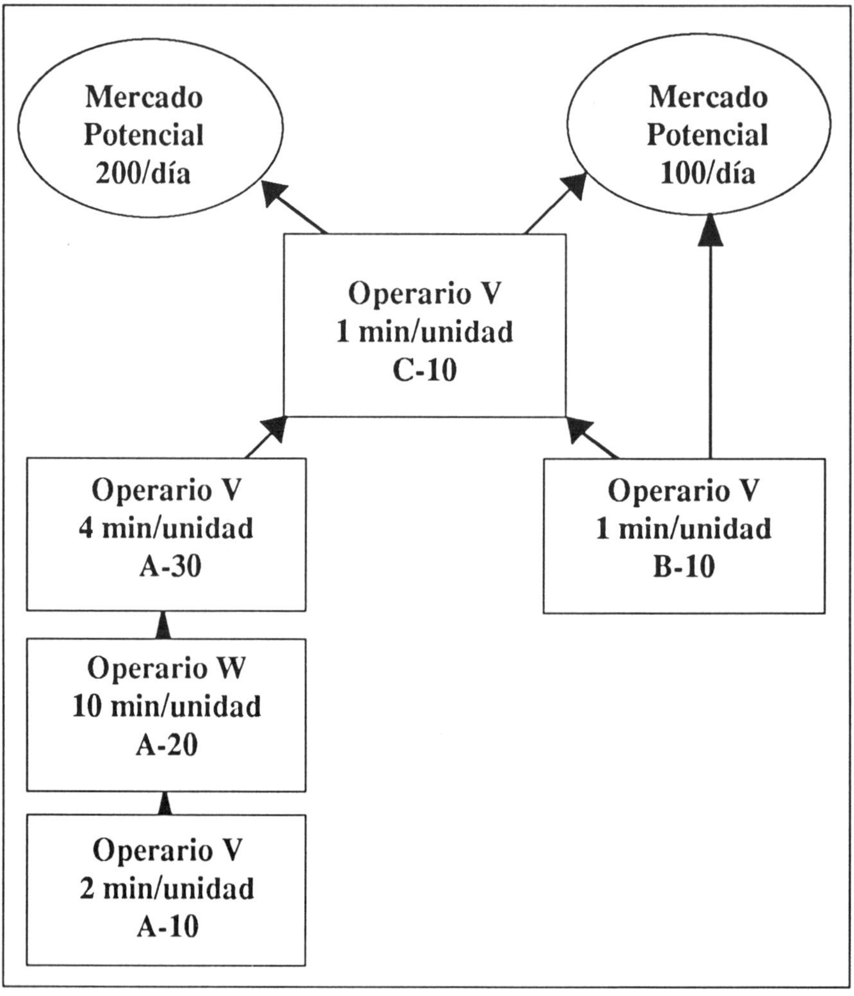

Leyenda
Recurso (por ejemplo: Operario V)
Tiempo de producción (p. ej.: 4 min/unidad)
Número de operación (p. ej.: A-30)

* Programar el trabajo de los dos tipos de operarios para un día típico (24 horas)

Operario V:							
	0	4	8	12	16	20	24 horas

Operario W:							
	0	4	8	12	16	20	24 horas

* Estimar la acumulación de inventario (en unidades) después de un día, después de una semana, y después de un mes, de acuerdo con su programa de un día.

Cálculo del exceso de inventario

	Día	Semana 1	Mes 1
Operación A-10			
Operación A-20			
Operación A-30			
Operación B-10			
Operación C-10			

* Hay algunas acciones que Ud. pueda tomar para reducir el nivel de acumulación de inventario sin perder ventas?
* Con relación a lo anterior, indique algunas conclusiones acerca de las siguientes ideas:
  • Premios por productividad.
  • Eficiencia del operario como medida de productividad local.

¿CON QUE FRECUENCIA SE DEBE CAMBIAR DE PRODUCTO?

Las demandas del mercado para los Productos A y B exceden de la capacidad de la planta. Solamente hay tres operarios por turno, U, V y W, y se trabajan tres turnos (24 horas), 5 días a la semana. Los operarios no pueden intercambiarse uno por otro y no hay otros trabajos que los detallados en el diagrama, que especifica los recursos requeridos (tipo de trabajador), velocidades de producción y secuencia de las operaciones.

Se requiere una preparación de 180 minutos para empezar la producción y cada vez que el operario W cambia de un producto a otro, se considerará que no se generan pérdidas durante la preparación.

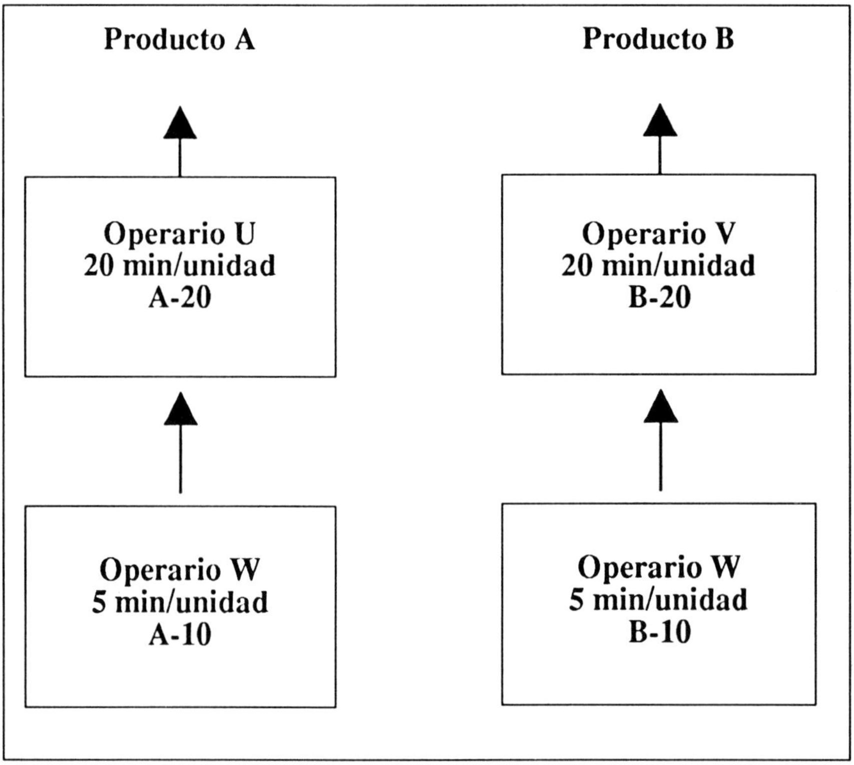

Leyenda
Recurso (por ejemplo: Operario U)
Tiempo de producción (p. ej.: 20 min/unidad)
Número de operación: (p. ej.: A-20)

* ¿Cuál es la frecuencia de cambios más adecuada que debe seguir el operario W? Exprese el resultado en términos de tamaño de lotes.

* Si Ud. cree que falta alguna información esencial para dar una respuesta con sentido a este problema (como el salario del operario o el costo del inventario), por favor indique los tipos de información adicional que cree que se requieren.

____

____

____

____

¿ESTA SU MERCADOTECNIA GOBERNADA POR LOS COSTOS?

Dos recursos diferentes (operarios V y W), están encargados de la producción de 4 productos A, B, C y D. El diagrama específica los recursos requeridos y tiempos de producción. También muestra los costos de materias primas y los precios de venta. La planta opera a tres turnos (24 horas) durante 5 días a la semana. Hay sólo dos operarios, V y W, por cada turno y no puede intercambiarse uno por otro.

El mercado quiere comprar cualquier cantidad que la planta sea capaz de producir a los precios dados, siempre que se ofrezca la gama total de productos. Esta gama ha de ser de forma tal que ningún producto pueda exceder por sí solo a los otros en un factor de más de 10 (p. ej.: si un Producto A puede ser vendido en cantidades de 1,000/día. La planta tiene que producir al menos 100/día de los productos B, C y D).

Los gastos de operación de la planta (excluyendo la compra de materiales) son de $12,000 por mes (22 días de trabajo).

* ¿Qué mezcla de los cuatro productos escogería Ud. para ofrecer al mercado?

Producto	A	B	C	D
Proporción				

* De acuerdo con los datos del caso y con su elección de mezcla de productos. ¿Cuál será la utilidad neta de la planta en un mes típico?

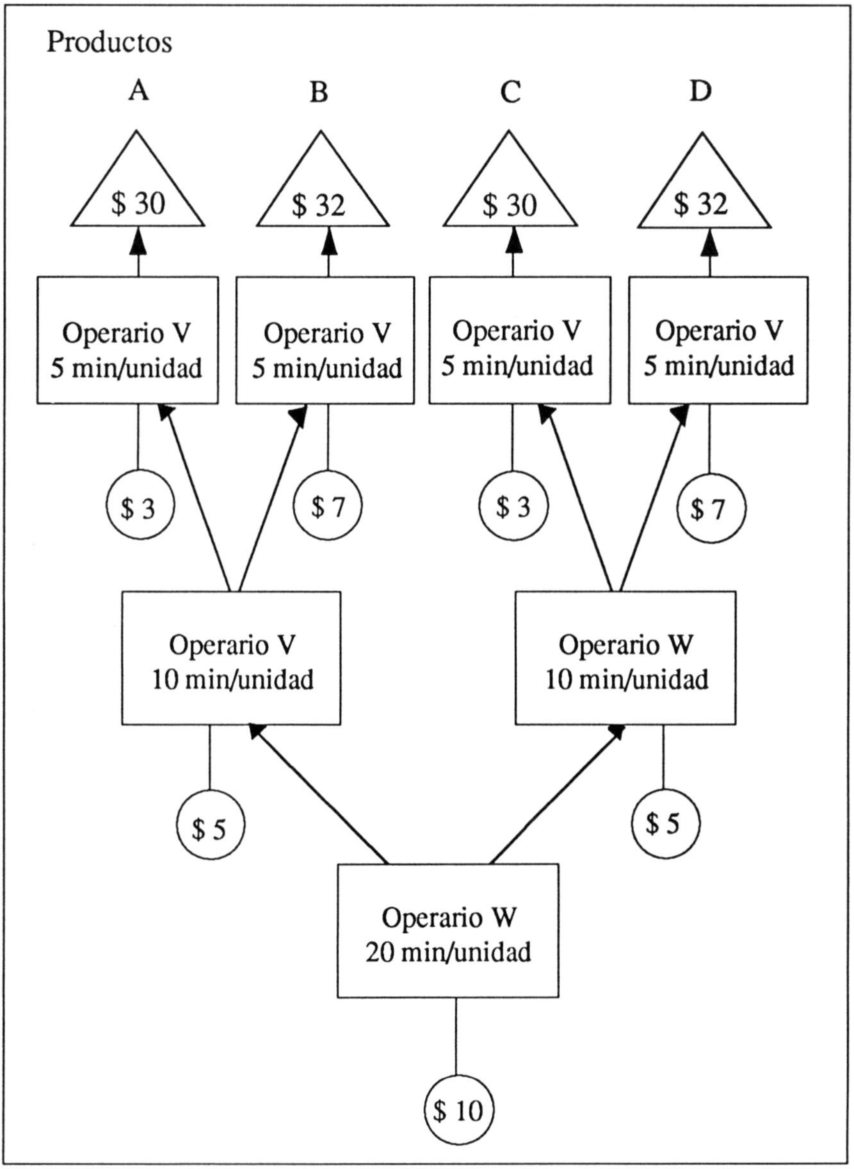

Leyenda
Recurso (por ejemplo: Operario V)
Tiempo de producción (p. ej.: 5 min/unidad)
Costos de materia prima ($10)
Precio de venta ($30)

¿COMO DEBEMOS PLANEAR UN TRABAJO?

Tenemos un pedido de 1.00 unidades en nuestra planta. El diagrama especifica los recursos necesarios, velocidades de producción y la secuencia de las operaciones. El tiempo de preparación de cada máquina es de 10 horas. Nótese que la máquina V es utilizada para dos operaciones diferentes. Las máquinas U, V, W e Y están dedicadas a este pedido y son manejadas por cuatro operarios en cada turno. La planta trabaja a 3 turnos (24 horas), 5 días a la semana. Hay sólo una máquina de cada tipo. Cada máquina es manejada por un operario que es capaz también de efectuar su preparación.

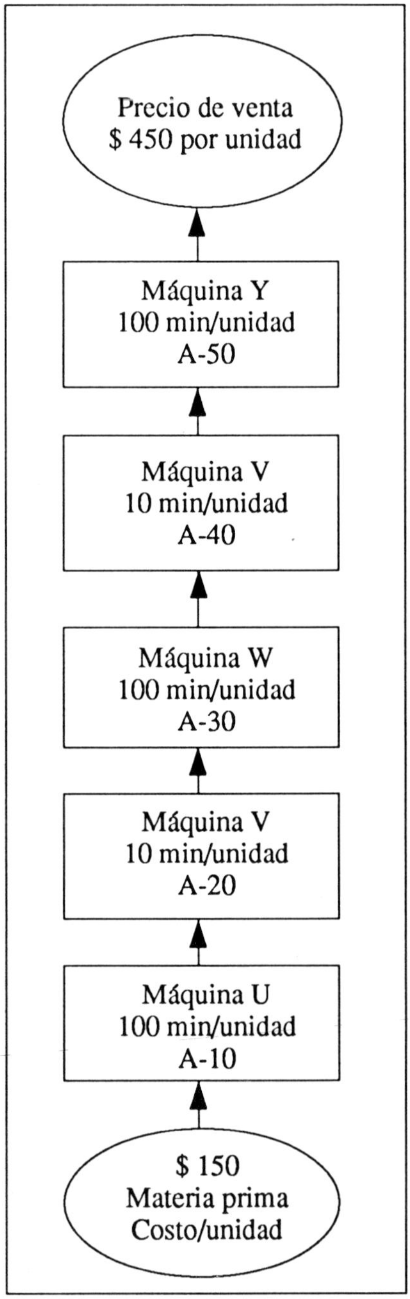

Leyenda
Recurso (por ejemplo: Máquina Y)

Tiempo de producción (p. ej.: 100 min/unidad)

Número de operación (p. ej.: A-50)

* Establecer un programa para este trabajo

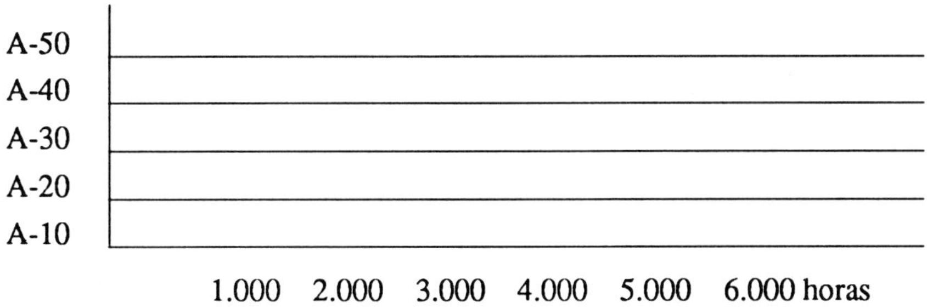

Considere que los gastos de operación de la planta (para los recursos asignados y mano de obra, incluyendo gastos generales) son $7,500/semana y se pagan a final de la semana. Suponga que la materia prima se paga al empezar a usarla en la primera operación (A-10). Finalmente, el dinero se recibe al terminar cada unidad de producto.

* Dibujar el flujo de efectivo que resulta de este programa:

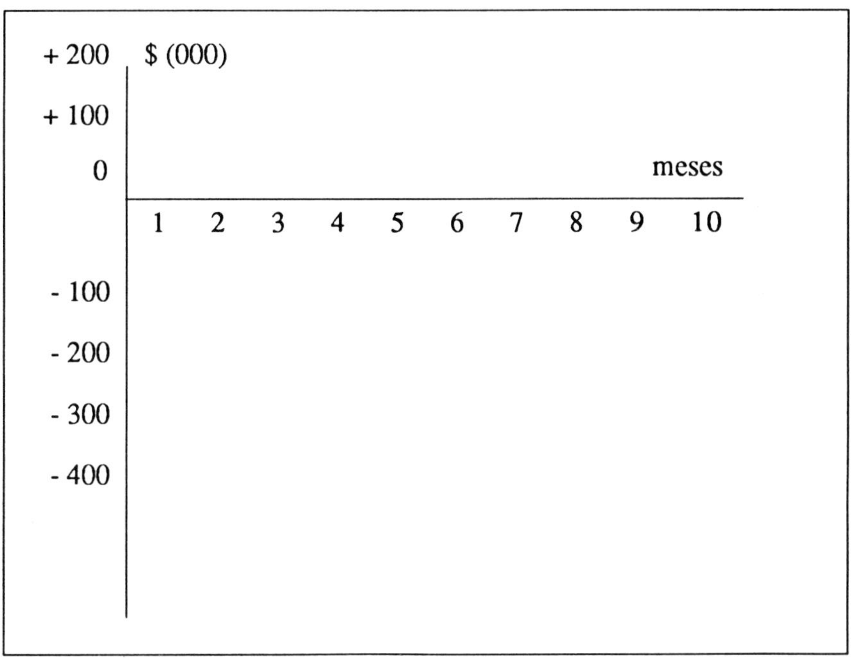

* Si la planta sólo tiene $200,000 en caja ¿aceptaría este pedido?

¿DEBEN UTILIZARSE CPM(+)/PERT(0) PARA PLANEAR PROYECTOS?

El proyecto tiene que terminarse en 150 días hábiles. Para terminarlo, tienen que terminarse las tres tareas (A, B, C). El diagrama especifica los recursos (equipos), tiempos de operación y secuencia de operaciones del proyecto. Hay sólo un Equipo V y un Equipo W disponible para el proyecto. El tiempo de entrega de los materiales necesarios (descritos como círculos) es de 50 días hábiles para cada material.

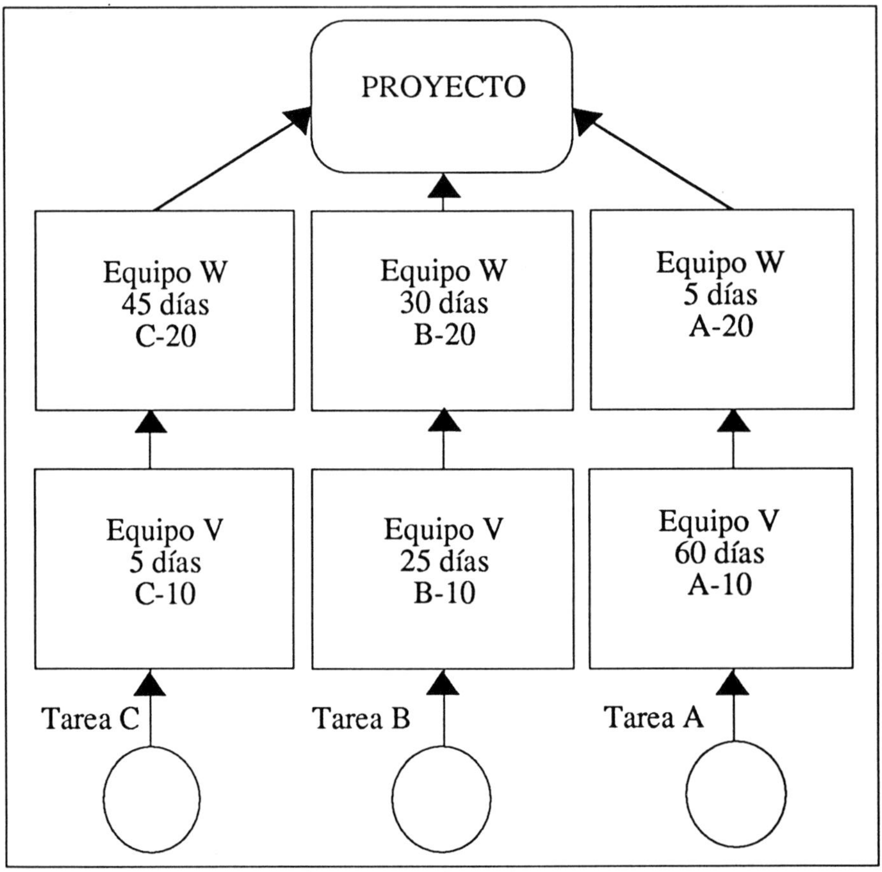

Leyenda: Recurso (por ejemplo, Equipo W)
Tiempo de Operación (p. ej.: 45 días)
Número de Operación (p. ej.: A-20)
Materia prima ◯

[+] *CPM = Método de Ruta Crítica [Por las siglas en inglés de Critical Path Method].*
[0] *Pert = Técnica de Análisis y Evaluación de Programas [Por las siglas en inglés de Program Evaluation and Review Technique].*

* Use RUTA CRITICA o PERT para determinar cuándo pedir cada material.

Materiales para la Tarea	Día para pedir (En días hábiles desde el inicio)
A	
B	
C	

* Dibuje el programa del proyecto (Diagrama de Gantt).

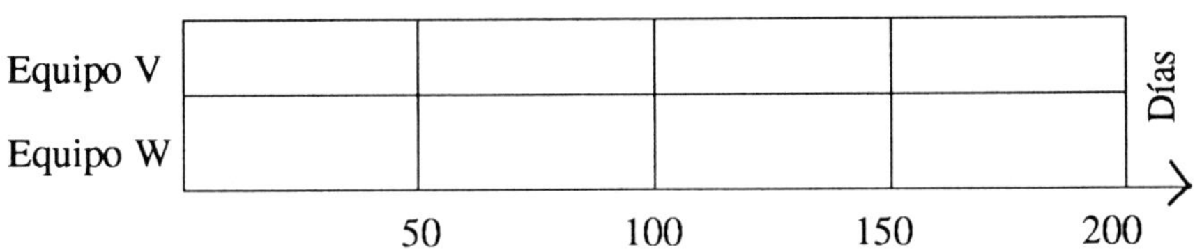

* ¿Van a terminar el proyecto a tiempo?

* Inténtelo de nuevo, utilizando su intuición esta vez. ¿Cuándo será lo más temprano posible que se podrá terminar este proyecto?

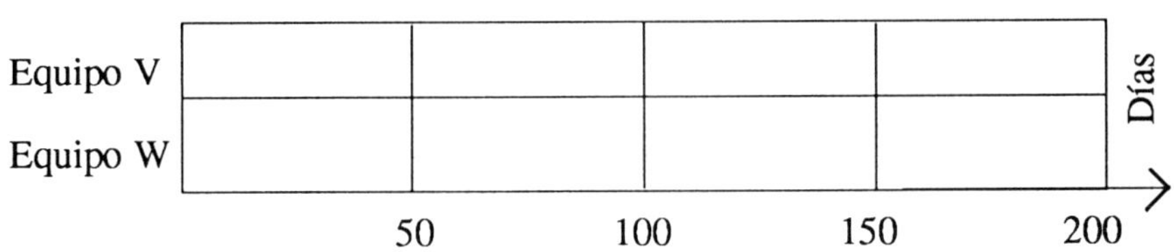

APENDICE C

COMO GANAR EN LA ADMINISTRACION DEL JUEGO DE LA PRODUCCION

INTRODUCCION

Estos ejercicios no son una medida de inteligencia. Pueden ser resueltos rápidamente con un poco de esfuerzo o requerir horas y mucho trabajo. Esto no indica qué tan listo sea, sino cómo ha enfocado el problema. Si confiamos en nuestra intuición, son relativamente simples. Cuando utilizamos lo que se nos ha enseñado, pueden llegar a ser muy difíciles.

¿Sugiere esto que para llegar a tener éxito en manufactura tendremos que des-aprender algunas cosas primero? La respuesta, desgraciadamente, es que sí. Lo primero y principal es cambiar nuestra percepción de la palabra "COSTO". El costo está profundamente arraigado en nuestra forma típica de tomar decisiones en manufactura, según lo ilustran las reglas convencionales del capítulo 6 de este libro. Cuando utilizamos estas reglas convencionales (nuestra percepción del costo) para decidir cómo utilizar la mano de obra eficientemente, cómo determinar el tamaño económico de lotes (EOQ [por sus siglas en inglés = Economic Order Quantity]) o para calcular el costo del producto, llegamos a respuestas erróneas. No sólo en los ejercicios, sino también en nuestros negocios.

En segundo lugar, necesitamos reconocer que el MRP no debe ser utilizado para planear y programar. El último ejercicio muestra la falacia de tratar de programar hacia atrás ignorando la capacidad (MRP). El MRP es una excelente herramienta para recabar, organizar y difundir datos e información. Usémoslo para este propósito. No produce ni producirá (a menos que se tenga capacidad infinita) programas realistas, estables y rentables.

Cambiar nuestra percepción sobre la utilización del costo y el uso del MRP es un paso esencial para lograr respuestas correctas y obtener mayores utilidades.

Cuando aplicamos solamente nuestra intuición, obtenemos las respuestas correctas a estos ejercicios mucho más fácilmente. Tomamos también mejores decisiones, y más rentables, en nuestros negocios. Ud. verá su intuición reflejada en los principios globales de la página 13, de aumentar la rotación del inventario al máximo. Cuando formalizamos nuestra intuición y la convertimos en reglas, resolvemos los ejercicios y tomamos decisiones más fácilmente y con más ganancias.

Encarar el reto de des-aprender antes de poder seguir adelante, ha sido simultáneamente humillante y excitante para todos nosotros. Todo depende de cómo decida uno verlo. Tal vez le resulte interesante saber que las personas con conocimientos más limitados sobre cómo se toman las decisiones de manufactura, llegan a las respuestas correctas más rápidamente. Ellos parecen confiar más en su intuición acerca de cómo se deben hacer las cosas... es decir las reglas convencionales.

Espero que estos ejercicios y **LA META** le ayuden en este viaje. Nuestra experiencia es que es muy emocionante y satisfactoria. ¡Buena suerte!

Robert E. Fox

¿UNA CAUSA DEL EXCESO DE INVENTARIOS?

La forma usual de hacer un programa es asegurarse que cada operario esté programado para estar ocupado todo el tiempo. Una solución global es diferente. El primer paso es identificar las restricciones inherentes al problema. Un breve examen en nuestro caso muestra que el operario W es una restricción, puesto que no puede producir más que 144 unidades por día (24x60/10), limitando las ventas del producto a esta cifra. La otra restricción es externa, el potencial del mercado para piezas de repuesto.

El programa del operario V está preparado para satisfacer la restricción de producir 144 unidades/día en las operaciones A-10, A-30 y C-10 y 244 unidades/día (144+100) en la operación B-10. Producir más de estas cantidades no producirá más ventas, sino más inventario innecesario. Entonces el programa típico para los dos operarios será como sigue:

Programa Diario Típico

Operario V

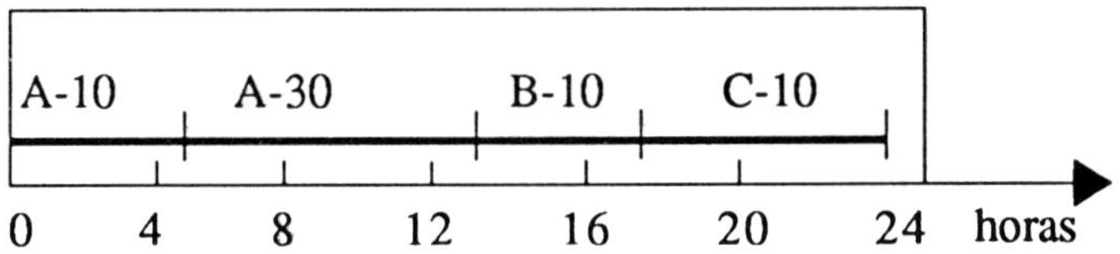

Operario W

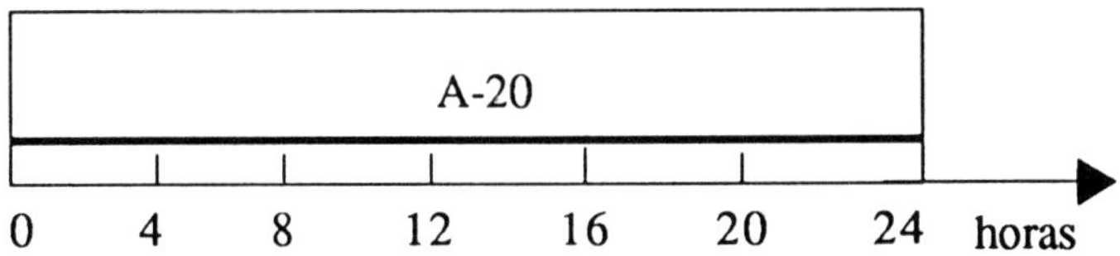

Con esta programación, se evita la acumulación de exceso de inventario. Tratar de activar al operario V a su pleno potencial no dará como resultado ventas adicionales, sino sólo una acumulación de inventario antes de A-20 (debido a la restricción de capacidad del operario W) y después de B-10 (debido a la restricción del mercado y a la limitación de las piezas de tipo A disponibles para ensamblar).

Si seguimos la práctica común de activar el pleno potencial del operario V, utilizando su tiempo libre en sobreproducir en A-10 y B-10, la cantidad de exceso de inventario será:

CANTIDAD DE EXCESO DE INVENTARIO

	Día	Semana 1	Mes 1
Operación A-10	47	235	1034
Operación A-20	_	_	_
Operación A-30	_	_	_
Operación B-10	94	470	2068
Operación C-10	_	_	_

Nótese que con la forma tradicional de medir la eficiencia de un operario, tanto los premios como las medidas de productividad motivan al programador, al encargado y al operario a utilizar el potencial del operario para producir al máximo. Si queremos evitar la creación de un exceso de inventario tenemos que cambiar este sistema tradicional. Un cambio lógico "es respetar el programa". Los operarios cuya capacidad no sea una restricción de la planta, deben producir de acuerdo a un programa confiable predeterminado, y motivarse a no producir en exceso, así como tampoco menos de lo programado.

Se deben mantener niveles estables adecuados de los inventarios para asegurar que las desviaciones del programa no dañarán los resultados de la planta. En nuestro ejemplo, con mantener unas 50 unidades (60x8/10) después de A-10 y 80 unidades (50+30) después de B-10, tendremos protección suficiente para la planta, para resolver las desviaciones de V de hasta un turno completo de producción.

¿CON QUE FRECUENCIA SE DEBE CAMBIAR?

La forma usual de calcular la frecuencia de cambio es minimizar el costo por unidad (la suma del costo de la preparación más los costos del inventario dividido por el número de unidades hechas). Se han publicado muchos artículos sobre este problema bajo el título de "Lote Económico" (EOQ). En muchos sitios, el tiempo de producción debe ser mayor que el tiempo de preparación multiplicado por un factor (normalmente entre 4 y 10).

La solución global empieza por identificar las restricciones del sistema. En nuestro caso, U y V son claramente las restricciones puesto que cada uno de ellos requiere 20 min./unidad, mientras que W necesita sólo 5 min./unidad en cada producto. Entonces W estará ocupado sólo el 50% (5+5=10) de su tiempo en producir. Cualquier tiempo de producción superior a éste aumentará el inventario pero no las ventas. Puesto que el 50% del tiempo de W está libre ¿por qué no usarlo en preparaciones, y reducir el inventario sin perder ventas?

Puesto que el tiempo de preparación del operario W es de 3 horas, el tamaño de lote para cada una de sus operaciones sería, también de 3 horas de producción, ó 36 piezas (3 x 60 / 5). No obstante, deberíamos evitar la plena ocupación de W para evitar fluctuaciones en U, V o W que causen pérdidas de ventas. El tamaño de lote deberá ser un poco mayor de 36 piezas, lo que dará suficiente tiempo libre e inventario para amortiguar las fluctuaciones.

El intento convencional de ahorrar preparaciones en los recursos que no son cuello de botella, no ahorra realmente nada. Sólo acumula más tiempo libre.

¿ESTA SU MERCADOTECNIA GOBERNADA POR LOS COSTOS?

Al determinar el costo por unidad de cada producto podríamos llegar a escoger A y C como los productos más rentables. Esto es porque tanto para A como para C el "precio menos la materia prima" es de $12 (30 - 3 - 5 - 10), mientras que para B y D es de $10 (32 - 7 - 5 - 10). Nótese que los costos indirectos de $12,000 por mes están repartidos igualmente para los cuatro productos y la mano de obra es la misma para cada uno. Entonces la mejor mezcla parece ser:

Con Costeo Convencional

Producto	A	B	C	D
Proporción	10	1	10	1

Un enfoque global utiliza un modo diferente de asignar los costos indirectos — de acuerdo con el tiempo que cada producto pasa en el cuello de botella.

Esto significa que la producción del sistema entero está directamente ligada al tiempo disponible en el cuello de botella. Esto señala hacia la oportunidad de mejorar los ingresos al cambiar la mezcla para favorecer a los productos que requieran un tiempo relativamente menor en el cuello de botella.

En nuestro caso, se favorece más a A y B que a C y D porque el tiempo en el cuello de botella "W" es de 20 min/parte lo que es sólo 2/3 partes del tiempo de cuello de botella que se necesita para C y D. Más aún, A tiene un "precio menos costo de materia prima" más favorable ($12) que B ($10), como ya se hizo notar. Así, la mejor mezcla será:

Con Costeo Global

Producto	A	B	C	D
Proporción	10	1	1	1

Nótese que para nuestro caso, la restricción W sigue siendo el cuello de botella independientemente de la mezcla, porque es el cuello de botella para cada producto individualmente.

Se puede calcular la utilidad neta y compararse para los dos enfoques el convencional y el global. Si escogemos la mezcla sugerida por el enfoque convencional, la restricción de W permitirá procesar en un mes 576 unidades de cada uno de los productos A y C y 58 unidades de cada uno de los productos B y D. Esta mezcla deja una utilidad neta de $2,984. En comparación, la mezcla de producto en base al cálculo tomando en cuenta las restricciones será 1,131 unidades del producto A y 113 unidades de cada uno de los productos B, C y D. La mezcla calculada en base a las restricciones da una utilidad neta casi dos veces mayor de $5,188.

Debe hacerse notar que en situaciones de la vida real el incremento alcanzable en utilidad neta es, con frecuencia, mayor porque las diferencias entre los tiempos del cuello de botella para los distintos productos, es aún mayor que en este caso.

¿COMO DEBEMOS PLANEAR UN TRABAJO?

El enfoque convencional es tratar a cada pedido como un lote único que deba fabricarse totalmente en cada operación sucesiva. En nuestro caso, un pedido de 1000 tardaría 5,385 horas en el siguiente programa:

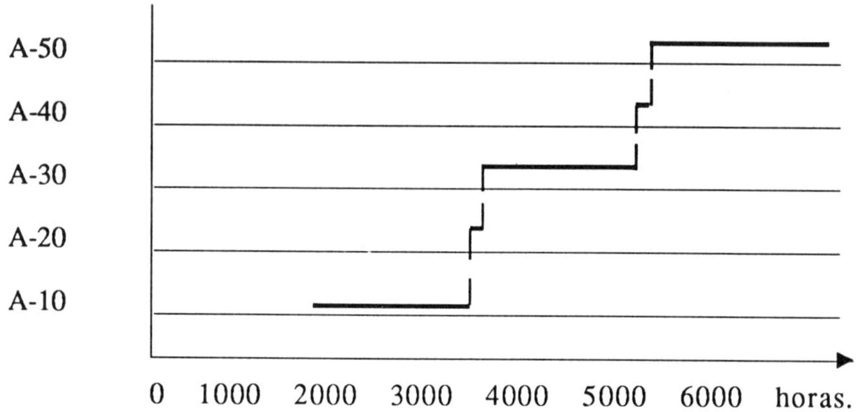

Un cálculo del flujo de efectivo muestra que el dinero que se gasta en las primeras 3,708 horas llegará a un desembolso de efectivo total de $382,500 antes de que el ingreso proveniente de las ventas revierta el flujo. Para el final de período, el trabajo habrá producido como resultado una pérdida neta de $37,500, (sin tomar en cuenta las pérdidas adicionales debidas al costo financiero del dinero requerido).

Un enfoque global comienza con la identificación de las restricciones. Las máquinas U, W e Y son los cuellos de botella que deben activarse completamente. La máquina V no es cuello de botella, así que podemos utilizar su tiempo sobrante muy eficazmente para reducir el tamaño de lote sin que se nos penalice por haber incurrido en preparaciones adicionales. A 15 unidades por lote, V se utilizaría totalmente pero para evitar perder throughput debido a las fluctuaciones en U, V, W e Y, idealmente debemos escoger un lote ligeramente mayor. Todas las ventajas importantes se pueden obtener con un lote de 30. El resultado es un programa con un trabajador en V que alterna frecuentemente entre las operaciones A-20 y A-40 con los otros tres trabajadores dedicados a U, W e Y, trabajando todos en paralelo. Se muestra aquí un ejemplo del programa.

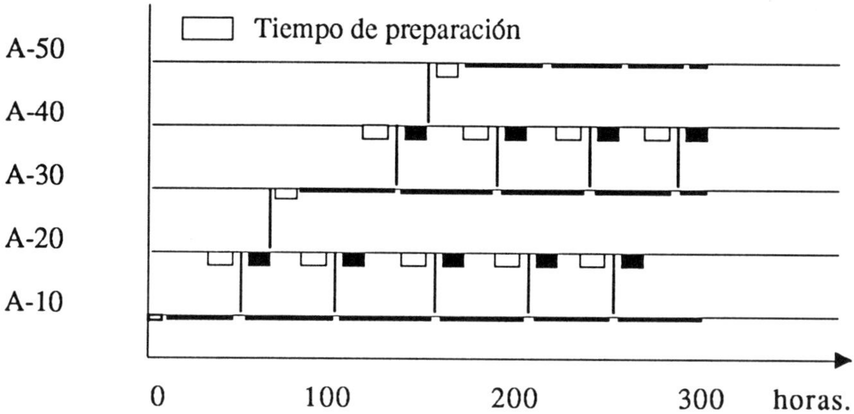

El traslape de las operaciones A-10, A-30 y A-50 se hace posible moviendo pequeños lotes de transferencia por el sistema al tiempo que se mantienen lotes de proceso grandes sólo en los recursos con restricción de capacidad. El efecto neto es una reducción drástica en la longitud del proyecto, de 5308 a 1807 horas. La pérdida de $37,500 se convierte en una Utilidad Neta de $187,500. La ventaja competitiva de este tiempo de ciclo reducido deberá tener un efecto importante en las ventas futuras. También, el flujo de efectivo negativo inicial se reduce de casi $400,000 a tan sólo $20,000, como se muestra en el diagrama.

Flujo de Efectivo

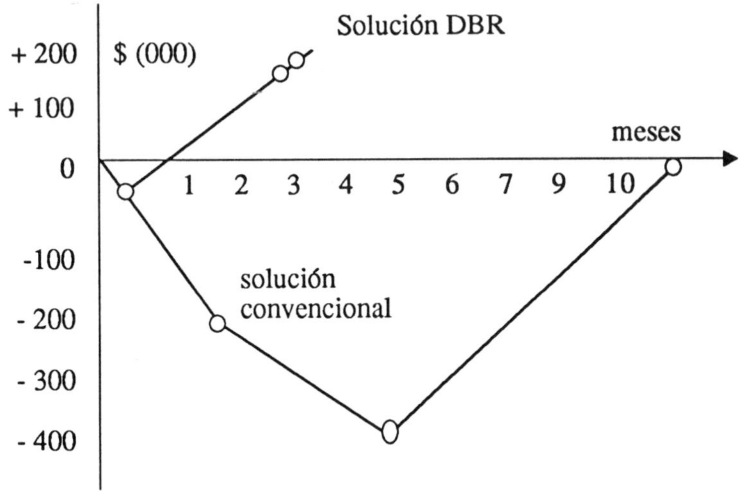

Un efecto colateral, muy importante, de reducir el ciclo de fabricación y el inventario es el efecto sobre la calidad. Considere lo que pasa con un defecto producido en la primera operación A-10 que no es descubierto hasta la última operación A-50. En la solución convencional el defecto es detectado meses después de que ocurrió y cuando A - 10 ha terminado y completado ya su proceso. ¿Qué puede hacerse para corregir el proceso de A - 10 después de descubrirlo? Muy poco, es demasiado tarde.

Por el contrario, la programación global lo descubrirá pocos días después, cuando sólo una pequeña fracción de las piezas ha sido procesada en A - 10. La identificación y rápida corrección de los defectos en A - 10 puede ser crucial.

¿DEBE UTILIZARSE EL CPM / PERT PARA PLANEAR LOS PROYECTOS?

El Método de Ruta Crítica (CPM) ([Por las siglas en Inglés de Critical Path Method]) o la Técnica de Análisis y Evaluación de Programas (PERT) ([por las siglas en inglés de Program Evaluation and Review Technique]) primero determina y etiqueta a la ruta más larga en el tiempo como la ruta crítica. El programa de la ruta crítica se obtiene remontándose hacia atrás desde la fecha de vencimiento final. Otras rutas paralelas tienen el tiempo holgado en relación a la ruta crítica resultado de la opción de una fecha de inicio "temprana" o "tardía", con relación a la ruta crítica.

En nuestro caso, la ruta crítica es la Tarea A (65 días) y las Tareas B y C tienen una holgura de 10 y 15 días, respectivamente. Así, si nos remontamos hacia atrás de la fecha de vencimiento de 150 días, el punto de orden de A es 35 días (150 - 5 - 60 - 50), de B es 45 días (35+10) y de C es de 50 días (35+15).

Aún cuando el proveedor sea confiable y la materia prima llegue según lo programado, encontraremos que el proyecto se prolonga mucho más tiempo del anticipado. Un examen del diagrama de Gannt, que obedece al esquema de prioridades de CPM/PERT, para los equipos V y W, nos muestra que la competencia por los recursos es responsable de prolongar la fecha de terminación del proyecto hasta 245 días, rebasando por mucho los 150 días requeridos.

Programa CPM/PERT

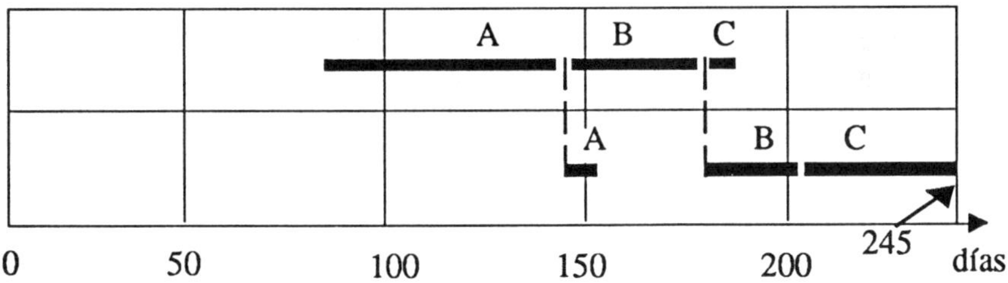

Esto no es una experiencia inusitada. Un proyecto puede parecer, en la etapa de planeación, tener mucho tiempo antes de que sea necesario pedir la materia prima, y sólo después de que ya está en marcha, nos encontramos con que aún con el uso de muchísimas horas extras de trabajo, no tendremos suficiente tiempo para concluir el proyecto en el tiempo estipulado.

Ahora planeemos un programa alterno, cambiando el concepto de la ruta crítica por nuestra propia intuición y teniendo en mente las restricciones de los equipos de recursos. Al secuenciar al equipo V de manera diferente, se puede recortar enormemente la duración del proyecto, como lo muestra el siguiente diagrama de Gannt:

Programa Global

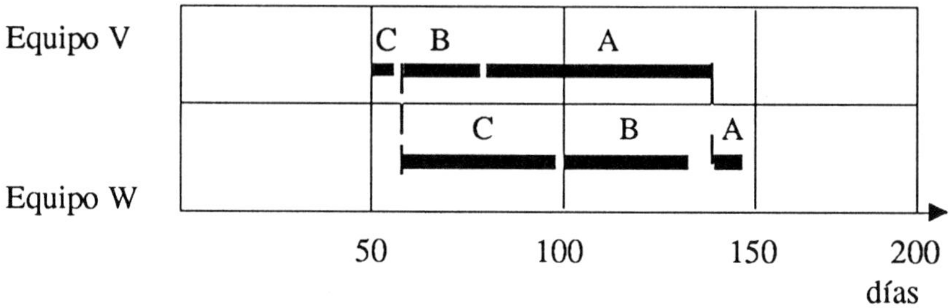

Los resultados son una reducción de la fecha de terminación del proyecto de 245 días a 145 días (lo que está dentro del tiempo requerido). El tiempo promedio que se tienen inventarios se reduce de 245 - (35+45+50)/3 = 202 días a 145 - (0+5+30)/3 = 133 días.

Nótese que cuando comparamos la secuencia anterior (PERT), vemos que el recurso W, que no es cuello de botella, se convirtió en una restricción que prolongó enormemente el proyecto. Este fenómeno de los cuellos de botella "viajeros o errantes" y las ondas resultantes de "hay trabajo - no hay trabajo" se observa con frecuencia en la vida real. Vemos aquí por qué ocurren estos fenómenos. Se deben a una inadecuada secuencia de las tareas en el cuello de botella.

Vale la pena recordar que los métodos PERT son la base de todos los sistemas MRP. Claramente, es peligroso ignorar los recursos con restricción en la etapa inicial de la planeación, aún cuando estas restricciones sean posteriormente cargadas y "masageadas" para darnos el mejor programa posible que pueda generarse desde ese impreciso punto de partida.

Independientemente de lo difícil que pueda parecer establecer prioridades para una secuencia adecuada, sigue siendo esencial para obtener el desempeño que el sistema es capaz de dar.

Avraham Y. Goldratt Institute

MEXICO

L. Garza Ayala No. 178 int. 1, Col. La Montaña, Garza García, N.L.
C.P. 66240, México, Tel. (83) 38-90-56, Fax (83) 38-35-23

Si desea más información sobre las ideas de:

"LA META"

"TEORIA DE RESTRICCIONES"

"Filosofía de Administración para la Mejora Continua"

LLENE TODO ESTE CUPON Y ENVIELO POR FAX.

Nombre: ____________________

Puesto: ____________________

Compañía: ____________________

Dirección: ____________________

Ciudad: ____________________ Edo.: __________

C.P.: __________ Tel. (   ) __________ Fax. (   ) __________

Giro del negocio: ____________________

____

Número de empleados de confianza: ____________________

Estoy interesado en obtener información sobre:

__________ Publicaciones adicionales

__________ Ser incluido en la lista de correos

__________ Cursos y sesiones de trabajo.

Esta obra se terminó de imprimir en Octubre del 2002
En los talleres de Litográfica Ingramex, S.A. de C.V.
Calle Centeno Num. 162 Col. Granjas Esmeralda
México, D.F.

El tiraje consta de 3,000 ejemplares
más sobrantes de reposición